MICHEL DE LÉZINIER

Avec Huysmans

PROMENADES ET SOUVENIRS

Avec seize reproductions hors texte

ANDRÉ DELPEUCH
LIBRAIRE-ÉDITEUR
51, Rue de Babylone, Paris-VIIe

1928

Avec Huysmans

PROMENADES & SOUVENIRS

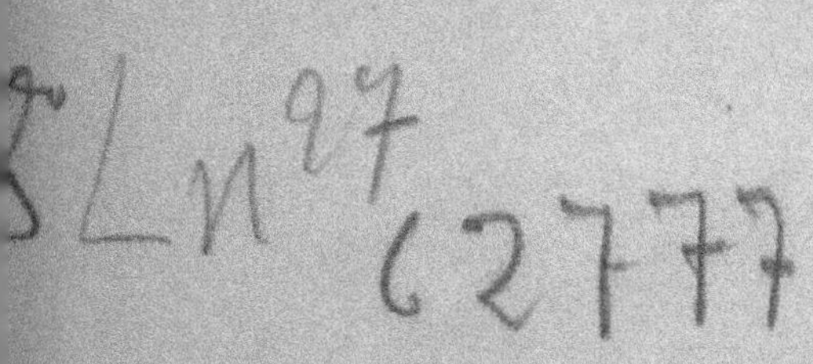

OUVRAGES DU MÊME AUTEUR

Tous ces ouvrages sont épuisés

De la Courbure du champ de gravitation ; recherches expérimentales sur la composante horizontale de la pesanteur. 1885.

Un nouvel Electromètre capillaire ; recherches sur la détermination du volt. Bordeaux, 1885.

Cinématique de l'articulation fémoro-tibiale. Bordeaux, 1887.

Quid momenti, ad vertendam virentium speciem et naturam, nonnulis vaporibus inesse videatur. En latin, Bordeaux, 1887.

Le Théorème de Cantor et les nombres plus grands que l'infini. Paris, Carré, 1889.

La Géométrie à K dimensions. Paris, Chamuel, 1889.

Du sens et du symbolisme du mot קדש. Paris, Chamuel, 1889.

Les Pseudosphères, projections de leurs hémisinusoïdes sur les plans de Lobatchowski. Paris, Carré, 1889.

L'Alchimie au IIIe siècle ; les manuscrits alchimiques grecs du Vatican. Paris, Chamuel, 1889.

Le Laboratoire de chimie moderne à l'Exposition universelle de 1889. Ministère de l'Instruction publique, Imprimerie Nationale, 1889

Le Laboratoire d'alchimie à l'Exposition universelle de 1889. Ministère de l'Instruction publique, ImprimerieNationale, 1889.

Michel Maïer et la vulgarisation scientifique. Paris, Chamuel, 1889.

Fragments sans suite d'une étude sans fin. Paris, Carré, 1889.

Le Laboratoire de physiologie maritime de Naples. Napoli, Bart Chiesa, 1890.

Un type nouveau d'appareils pour la soudure ; mesures calorimétriques et principes de construction. Amiens, Société industrielle. Grande médaille de la Société, 1889.

Etudes de Psycho-physiologie. — La peur chez les enfants. — Détermination mécanique des seuils de conscience. Cours professé à l'École de Médecine de Limoges ; Limoges, H. Lavauzelle, 1898.

En préparation :

Dans la banlieue de Huysmans.

La Mathématique expérimentale.

PORTRAIT DE HUYSMANS PAR FORAIN, 1878.

Avec l'autorisation de MM. Forain et Descaves.

MICHEL DE LÉZINIER

Avec Huysmans

PROMENADES ET SOUVENIRS

Avec seize reproductions hors texte

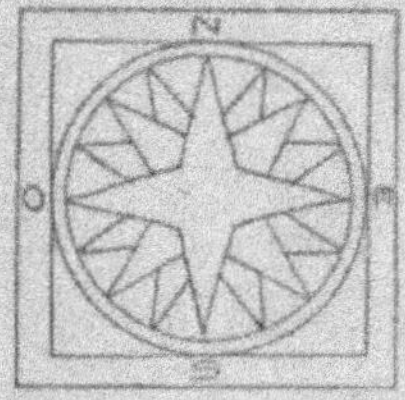

ANDRÉ DELPEUCH
LIBRAIRE-ÉDITEUR
51, Rue de Babylone, Paris-VIIe

1928

IL A ÉTÉ TIRÉ A PART :

TRENTE EXEMPLAIRES SUR VÉLIN LAFUMA,

NUMÉROTÉS DE 1 A 30.

Ligugé   23 8bre 99.

. . . .

J'ai reçu, ce matin, les photographies
qui sont vraiment intéressantes et je vous
remercie de leur envoi.

Que n'êtes-vous venu nous voir mainte-
-nant, alors que l'infâme soleil d'Août
s'est un peu terni et que la campagne
déverdie se dore ! Ligugé vous eût laissé
plus mémorable souvenir.

Je suis en train de préparer un jardin
liturgique, avec notre Seigneur, la Vierge,
les Saints symbolisés par les plantes qui

les représentent. et j'y adjoindrai un
petit jardinet médicinal qui sera l'exacte
reproduction de celui chanté par le vieux
moine Walafried Strabo, dans son poème
l'Hortulus.

Un vrai français Bénédictin du IXe siècle!

. . . .

Merci encore, cher Monsieur, de vos parfaites
photographies et bien cordialement à vous
[signature]

Vous vous souviendrez des amis de la maison
que vous êtes /

Nul être exceptionnel, dans le cortège des créatures d'élection,
n'est raison ou illumination, ou cette essence que nous cherchons,
mais il est sur quelque point une révélation ou un symbole de
nouvelles possibilités. La raison du pouvoir de ces êtres sur notre
âme, c'est que leur âme se diffuse en nous.

Emerson.

AU LECTEUR

*On voudra bien ne trouver ici que des feuillets
d'un journal où s'inscrivent le souvenir ou la
présence de celui qui fut pour l'auteur un maître,
un guide et un ami.*

*En parcourant ce livre, les pages du Maître,
des Goncourt, de Hugo, les fragments de Lucien Descaves, d'André Thérive, d'Aubault de*

la Haulte Chambre, de J.-H. Rosny, de Gustave Coquiot, de Langé, de Bouasse, de Maurice Talmeyr, de Tailhade, de Myriam Harry, aideront à lire ce qui n'est que de l'auteur. Sic melle pilulam.

Ni écrivain, ni artiste, ni quoi que ce soit de tout ce qu'on peut être, il a seulement employé les loisirs forcés que lui a faits la guerre à exhumer de ses tiroirs des vues de paysages parisiens aujourd'hui disparus. A ces images, comme à celles d'Epinal, il a bien fallu mettre des légendes. Mais on peut regarder sans se croire obligé de lire.

PRÉFACE

Au bon peintre, André Castaigne,
Hugolâtre immarcessible. — New-York.

Turbantibus æquora ventis.

Vers une heure, ce jeudi de novembre, la bourrasque devint une tempête. Des tuiles s'abattirent comme des claques sur le trottoir. Arraché de ses gonds, un volet vint se fracasser dans le bassin du square.

On jugea qu'il me valait mieux rester à la maison. Pour une fois, je me passerais de ma leçon : pour aller chez le père Warris, il fallait traverser toute la ville et descendre jusqu'au ruisseau d'Eauclaire. Le bon peintre avait là son atelier, cimenté de lierre en tout temps, pavoisé dès l'avril de clématite et de glycine.

Trois ou quatre heures libres, et bien à moi !

La frileuse quiétude d'un après-midi d'automne ! Un fauteuil profond près d'un grand feu de souches ; mes devoirs faits pour demain ; des livres nouveaux : *Catulle*, qu'on ne lit pas en classe, et *Manette Salomon*, deux volumes brochés presque neufs. Goncourt ? Cela ne me rappelle rien ; c'est quelque auteur tout moderne. C'est au hasard que je les pris sur un rayon, dans une poussière intémérée. Mais quelques phrases lues çà et là m'ont empoigné. Et puis, ça doit être un bon livre, il n'est pas coupé. Quand je les ai portés au bibliothécaire pour les faire inscrire, le père Aulard m'a regardé en riant : *Non hic piscis omnium*, m'a-t-il dit, pendant que je signais sur son registre.

Brave père Aulard, ancien professeur au lycée, puis inspecteur d'Académie, devenu, à sa retraite, bibliothécaire de la ville. Il a eu jadis André Theuriet pour élève, et se plaît à s'en souvenir. Son fils est à Normale et prépare l'agrégation. Pourvu qu'on parle avec lui — je veux dire qu'on le laisse parler — d'André Theuriet et de son fils, il vous ouvre tous les

trésors de ses livres. Il laisse les lecteurs, qui
sont trois, les jours de foule, prendre eux-
mêmes les volumes et les remettre en place;
il leur permet d'errer dans la salle immense,
où des échos profonds, pour le moindre mur-
mure, entonnent des miserere... Que n'y ai-je
pas lu! et quels fardeaux de bouquins, au
sortir du lycée, n'en rapportais-je pas, le soir!

A mesure que je lis *Manette Salomon*, je
me sens happé, à chaque page un peu plus,
par la description des sites : par des mots qui
évoquent le goût de l'air et les couleurs tour-
nantes des reflets. Je connais bien cela, pour
sentir, rien qu'en fermant les yeux, l'odeur
des pétunias, en massif dans le jardin; celle
de l'osier mouillé chez le tonnelier qui en lie
ses cercles; celle des herbes de la rivière, quand
on revient à l'air après avoir plongé. Cette fois
je ne lis plus Goncourt, je le touche, le mange
et le renifle, et je me roule dedans comme un
âne qui se gratte le dos : et voici la page prodigieuse où Crescent raconte comment il a
découvert la Bièvre et ce qu'elle a fait de
lui!

« C'est cette maison qui a fait de moi un paysagiste. Elle m'a fait découvrir la Bièvre. Et je sors de là... Oui, cette salope de petite rivière, c'est elle qui m'a baptisé. J'ai commencé à pêcher dedans ce que je suis, ce que je sens, ce que je peins. Oui, la Bièvre, c'est ça qui m'a ouvert la grande fenêtre. »

Et tirant d'une huche à pain un tas de panneaux d'études qu'il essuya avec sa manche : « Tenez, voilà... »

Et l'étrange coin de faubourg, dans lequel Crescent avait ouvert ses yeux et trouvé son génie, se développa devant Coriolis.

C'étaient les tanneries à côté du théâtre Saint-Marcel : une eau brune, rousse, mousseuse, une eau de purin, encaissée entre des revêtements de pierre, une espèce de quai plein de cuves de bois plâtreuses, salies de blancheurs verdâtres de glaise. L'eau lourde et sale, trouble et sans reflet, coulait entre de hautes masures d'industrie, replâtrées de chaux vive criarde; les fenêtres sans persiennes étaient percées comme des trous : les couronnements surhaussés de séchoirs découpaient en l'air, au-dessus du toit et des lucarnes, des silhouettes de tonnelles. Et l'eau allait se perdant dans un fond coupé de barrières de vieux bois noir, dans un encombrement de constructions rapiécées, d'architectures grises, de cheminées noires et droites d'usines, de grandes cages à jour, barrant dans le ciel le dôme du Val-de-Grâce.

De là, les études de Crescent avaient remonté la Bièvre. Elles avaient été par les boues où marchent les petits garçons pieds nus et les petites filles dans les grandes savates de leurs mères. Les esquisses de Crescent rendaient le style de misère, la pauvreté, le rachitisme mélancolique de ces prés, rapés et jaunis par places, arrosés par la Bièvre étroite, sèchement ombragée de peupliers et de petits bouquets de saules. Au-dessus, des ciels de banlieue d'un jour aigu, des ciels bas pesant sur les coteaux étaient coupés par des bâtons de blanchisserie. Puis on retrouvait la Bièvre, charriant des morceaux de mousse pareils à des champignons pourris, la Bièvre roulant une eau ouvrière et la salissure d'une rivière qui travaille. Elle

serpentait et courait, encaissée sous les saules
à demi morts, les sureaux aux bouquets de
fleurs frissonnants, entre les usines, les blan-
chisseries, les cahutes à contreforts, semblables
à des bâtiments brûlés dont la flamme aurait
noirci la porte et la fenêtre, contre le bas des
auvents à grands toits mousseux et moisis,
sous lesquels deux mains d'ouvriers laminent
des peaux sur des morceaux de bois rond.
De cette pauvre rivière opprimée, de ce ruisseau infect, de cette nature maigre, malsaine,
Crescent avait su dégager l'expression, le sen-
timent, presque la souffrance.

*
* *

Mais alors, il en est donc d'autres que moi
et qui pensent, à se sentir attirés par ces
humbles ruisseaux, lamentables vagabonds des
faubourgs? Contraints par les riverains à ac-
complir mille basses besognes et à recevoir
tous les déchets d'alentour, ils font en mur-
murant, sans révolte, ces labeurs de misère.

Tout près de moi, le ruisseau de la Grand-Font
fait cent replis dans les jardins du couvent
de Chavagnes, où le jardinier manœuvre ses
cascatelles avec de petites écluses. Il longe
ensuite le mur de notre écurie, puis fait tourner
la roue d'un petit fondeur. A quelques pas
d'ici, au coin où la rue de la Fontaine rejoint
le port, on l'entend tomber en chute derrière
un vieux mur, près de la maison où Balzac a
logé la mère de Lucien Chardon de Rubempré.
Et c'est fini; la rivière indifférente l'emporte,
mêlée à ses eaux. Aux après-midi d'automne,
les feuilles jaunies des platanes tombent sur
le port déserté; derrière le mur de la mère
Chardon, on entend bruire le ruisseau; une
gabarre à demi coulée fait une grosse tache
noire sur la rivière où se mire un ciel d'orpi-
ment; une demeure ancienne, aux volets
presque toujours clos, étend au long du quai
les grilles rouillées de ses balcons en ruine.

Je m'attarde parfois, en ce paysage délicieux, à attendre que Balthazar Claës entr'-
ouvre une fenêtre; que Lucien Chardon, descendu de la place Beaulieu par ce Chemin-

Vert qu'il a suivi tant de fois, débouche de la rue des Trois-Canons pour aller à la dérobée voir sa mère, ou que Balzac lui-même apparaisse au tournant de l'église Saint-Jacques pour revoir ce coin de faubourg où il a si souvent erré. Un calme indicible plane sur l'heure étroite. Et dans ce décor de province ensommeillée, je sens en moi battre à grands coups d'aile la nostalgie des plages lointaines.

On a sonné : il est cinq heures. Emile Marchoux, André Castaigne, Lazare Weiller, viennent faire un peu de musique. Ils m'apportent les dernières nouveautés, *la Mandolinata* de Paladilhe, *le Petit Duc, les Cloches de Corneville, la Fille de Madame Angot.* J'allume les bougies du piano.

I

A MM. Langé et Poinsot,
auteurs des *Logis de Huysmans*.

LE PREMIER DÎNER HUYSMANS

Dans cette école où j'enseigne depuis quelques semaines, les élèves, en majeure partie, ont presque mon âge. Quand le travail est terminé, deux ou trois d'entre eux s'attardent, se lavent lentement les mains, n'en finissent plus de suspendre leurs blouses et leurs tabliers. Et pendant que je remets les instruments en ordre, ils essaient de me faire parler des écrivains qui les obsèdent. La littérature les a imbibés comme des buvards; plutôt qu'à de lentes dissections ou à de patients diagnostics, ils rêvent à des livres qui les transportent.

Dans une feuille obscure du quartier, j'ai écrit quelques essais, sous un pseudonyme qu'ils ont démasqué bien vite. Naturellement, ils m'ont apporté mes articles pour me faire parler. Et nous causons en camarades; il s'agit toujours des Goncourt, de Zola, d'une plaquette de Gabriel Vicaire et Henri Beaucler : *les Déliquescences d'Adoré Floupette*, et de ceux qu'elle parodie : Verlaine et Mallarmé. Nous découvrons, dans le supplément du *Figaro*, des récits d'Orient, si évocateurs et si simples, signés Pierre Loti. Personne ne sait qui est cet écrivain; le nom lui-même est-il ou non un pseudonyme?

Le gros Rollier, qui est censé faire sa médecine, passe le meilleur de son temps à fumer des pipes, lire du Mallarmé et faire des vers « décadents ». Il m'apporte ce matin, pour avoir mon avis, ce qu'il appelle un pseudo-sonnet stropiat et funiculaire. Cela commence ainsi :

> Mon théorbe, féé de votre baphomet,
> Incruste une ipsullice à votre aorasie.

Sans remords, j'assure à ce brave Rollier

que je comprends d'un bout à l'autre; pis
encore : je lui explique son sonnet; je lui
affirme notamment qu'ipsullice et aorasie, qu'il
croit avoir inventés, font partie du langage
« courant » dans un certain monde d'écrivains.
Ipsullice, de *ipse*, c'est un diminutif de soi-
même, l'homunculus du subjectif. Et « aorasie »
a la même étymologie qu'aoriste, le temps
passé, qui ne reviendra plus! Le voilà con-
vaincu que ses deux vers expriment, « sous
une forme aussi nouvelle qu'ingénieuse », la
pensée charmante de l'amant, enchanté par
son idole, et qui fait sien, pour mieux revivre
en elle, le virginal passé de l'adorée!

Navré d'abord d'être compris, et m'en vou-
lant un peu, le gros Rollier me voit si sérieux
qu'il finit par sourire dans sa barbe blonde. Ses
yeux un peu mouillés sont à présent pleins
d'affection et de gratitude. Pour me remercier,
il tire de sa poche un livre : *A Rebours*, de
Huysmans.

Avec des lèvres qui bégaient de gourman-
dise, il me dit : Cela vous plaira; il y a un
« type qui se joue de la musique » dans la

bouche avec un orgue à liqueurs et qui mange des poissons fumés et du fromage anglais en buvant du pale ale...

* *
*

La nuit de samedi, la journée de dimanche, passées à lire et relire *A Rebours*. Diogène sans lanterne, j'ai trouvé l'homme. Depuis ma rhétorique hugolâtre et goncourtienne, pendant les dures années d'études de sciences et de médecine, j'ai cherché sans résultat l'écrivain qui vous aide à vivre, qui vous change en lui-même et fait un corps de vos rêves. Je l'ai trouvé.

Excellent Rollier! Je me dois de lui rendre grâces. Je sais comment. Au rez-de-chaussée de la maison que j'habite, sur le quai du grand fleuve où s'amarrent les péniches chargées de vins, de charbon et de pommes, la mère Monistrol cuisine, pour les cochers de la gare et quelques rares habitués, de pétulantes entrecôtes et des mirotons succulents. C'est un mastroquet qui ne paie pas de mine; mais la mère Monistrol, forte en gueule et moustachue, connaît son affaire et aime qu'on lui en sache gré. Mon appétit joyeux est une flatterie pour elle : quelques compliments bien placés sur sa cuisine m'ont valu son estime. C'est avec un sourire empreint à la fois d'orgueil et de maternité qu'elle me confie, quand j'ouvre la porte : Docteur, il y a des beefsteaks au beurre d'anchois.

J'ai eu avec la mère Monistrol un entretien plein de mystère, et le même jour la voiture de Potin a apporté un panier empli de paquets blancs que nouaient des ficelles rouges.

*
* *

Les travaux pratiques terminés, j'ai appelé Rollier qui se lavait les mains sans se presser dans une cuvette de permanganate. « Voici votre livre, Rollier. Je vous remercie de tout cœur. Vous m'avez fait plus de plaisir que vous ne pouvez le croire. Puisque vous aimez cet auteur, voulez-vous que nous prenions un moment de repos pour en parler ensemble? Dînez ce soir avec moi sans façon; je compte sur vous à sept heures. »

La mère Monistrol s'est surpassée. Elle a fait une oxtail soup, avec un morceau de gîte à la noix, une queue de bœuf et une poule. Potin n'avait pas de haddocks, mais voici des harengs fumés, une entrecôte épaisse et tendre, la poule froide en mayonnaise avec du céleri, un plat de cèpes fraîchement cueillis. Deux bouteilles de pale ale, Bass and Co, à portée de la main, nous évoquons le dîner de des Esseintes, à la taverne de la rue d'Amsterdam. Rollier s'emballe sur la littérature; la médecine ne le séduit guère; il est presque riche et n'a pas besoin de travailler. Il rêve d'écrire, et des milieux littéraires de Paris. Le pale ale aidant, le voilà qui part en fusées, s'évade en projets d'avenir et se voit déjà chargé de la critique des livres dans un grand journal.

Cela ne l'empêche pas de manger avec délices; les bouteilles sont depuis longtemps vides. La mère Monistrol, en renouvelant les demis blonde, nous regarde avec stupeur achever un morceau de Chester qu'elle avait pris pour un pavé.

Je crois que ce fut « le premier dîner Huysmans ».

II

A M. G. Chastenet
sénateur.

Une mission d'études m'a éloigné de la France pendant des saisons de nostalgie. Sous le ciel d'un gris fin d'Anvers et de Dixmude, j'ai relu *les Sœurs Vatard* et les *Croquis parisiens*. Au Pausilippe et à Sorrente, j'ai promené sous les orangers le prodigieux *En Rade, A Vau l'eau, En Ménage*. Je n'ai guère lu autre chose, sauf *le Sublime*, de Denis Poulot, ce livre sans lequel Zola n'eût pas écrit *l'Assommoir*.

Noël à Naples! Le travail urgent des laboratoires m'a retenu tout le jour. Il est cinq heures. Je me décide à descendre du Pausilippe à la Mergellina. Je vais dîner à Santa Lucia : un peu de musique à la trattoria del

DE HAUTES MASURES D'INDUSTRIE, REPLATRÉES DE CHAUX VIVE
(p. 4).

IL S'APPUYAIT SUR L'UNE DES BARRES DE FER
(p. 133).

Giglio; la messe de minuit à San Gennaro;
quelques frutti di mare à l'albergo dei Fiori,
et rentrer vite à la villa Maria par un carossello
qui tangue. Il faut dormir et être au laboratoire à sept heures. Ou bien j'entendrai Marey
me dire tranquillement : « Vous avez encore
fait la grasse matinée!... »

J'escalade le marchepied du tramway à
chevaux, presque devant la villa. Un voyageur bien mis, un peu pâle, un foulard de soie
blanche autour du cou, essaie de faire comprendre son français.

La situation paraît sans issue. Je reconnais
un compatriote et m'offre comme interprète.
Tout s'arrange. Je m'assieds près du voyageur :
nous nous disons qui nous sommes. On parle
de Paris, des écrivains, des peintres, de Grille
d'Egout, de Valentin le Désossé, de Rodolphe
Salis et du Chat-Noir. J'avais *A Vau l'eau*
dans ma poche; je viens à en parler par hasard.
« Tiens, dit mon compagnon, j'ai rapporté de
Hollande une plaquette de cet auteur; je vous
la prêterai, si cela vous intéresse. »
Nous avons dîné au Vermouth di Torino,

sur le quai de Santa Lucia; mon compagnon, un peu souffrant, s'est retiré de bonne heure. Le lendemain, un facchino m'a apporté, avec un mot aimable, un petit livre de Huysmans, paru récemment à Amsterdam : *la Bièvre* (1).

En lisant, en relisant ce livre, j'ai revécu une journée inoubliable de ma jeunesse, celle où j'ai lu, au coin d'un feu d'automne, la page où les Goncourt ont décrit le lamentable et délicieux ruisseau. Certes, ils en avaient tracé une esquisse presque vivante : je l'ai reproduite au début de ce livre. Mais il fallait que Huysmans vînt pour faire battre d'une vie réelle le cœur de ces paysages navrés.

Une revue me demande dès mon retour en France un article sur quelque artiste contemporain. J'ébauche une étude sur ce que le style d'Huysmans peut devoir aux Goncourt; je pense en faire une bonne partie sur le bateau qui me ramène.

(1) Que M. Guillaume Chastenet, sénateur de la Gironde, trouve ici, avec le souvenir de cette soirée qu'il sut rendre charmante, l'expression de ma gratitude, qui dure encore, pour son aimable attention.

La *Junon*, qui fait la navette entre Naples et Marseille, ne m'en a pas laissé le loisir. Toute la vaisselle est cassée. On réclame mes soins d'un bout à l'autre du navire. Et quand je peux, enfin, en vue des côtes de France, m'allonger presque au sec, sur un divan du salon, je vois avant de m'endormir, une femme de chambre qui vide, avec une grosse éponge, le piano.

III

A Mademoiselle J. Van Toch,
bibliothécaire
de la « Central Library ». — Chicago.

PARIS 1888.

De mon balcon, rue Gît-le-Cœur, je vois par-dessus un régiment de cheminées, un échafaudage énorme au bord de la Seine, vers les régions lointaines du Champ-de-Mars. C'est la Tour Eiffel qui s'élève lentement, c'est la Galerie des Machines qui commence à bomber son dos convexe devant l'Ecole militaire.

Mes *Manuscrits alchimiques du IIIe siècle* ont paru. Ce genre de livres n'intéresse généralement que l'auteur. Mais il y a une préface. Des gens l'ont lue. Ils ont écrit à l'éditeur pour avoir mon adresse. Les lettres d'injures ou de louanges commencent à me parvenir. Aurais-je cru qu'il existât tant de toqués? Et dans tous les mondes, du contremaître d'usine à l'ingénieur polytechnicien. Mais j'en reçois d'aimables : le mage Papus, qui me dit être un confrère et s'appeler le docteur Gérard Encausse; le colonel de Rochas d'Aiglon, administrateur de l'Ecole polytechnique; un certain Oswald, « rénovateur du Tarot », qui dans une seule citation fait deux fautes de latin. L'Association des étudiants, rue des Ecoles, me prie d'y faire une conférence. Un journal me demande un article. Et voici un pli du ministère qui me nomme membre du comité de l'Exposition universelle de 1889, et me charge de reconstituer dans la galerie des Arts libéraux, un laboratoire d'alchimie et un laboratoire de chimie moderne.

C'est par l'Association des étudiants que j'ai commencé. J'y ai des amis et je serai dans un milieu qui peut comprendre.

*
* *

La conférence est presque terminée; je crois avoir amusé cette jeunesse qui a paru écouter avec plaisir.

Et voici qu'au fond de la salle un gros homme applaudit brusquement, tout seul. C'est cet excellent Rollier, encore plus gros, plus rose et plus prospère...

Je termine; soudain me vient l'idée de dire son fait à un pontife qui fut autrefois un génie, mais auquel une remuante ambition inspire depuis quelques années des travaux sans valeur et trop de démarches pressantes auprès des puissants du jour. Il a été ministre, pour ne pas se faire remarquer. Il a publié un volume sur l'alchimie et les alchimistes, avec l'espoir que cette œuvre, qu'il a voulue littéraire et qu'il croit scientifique, lui ouvrira les portes de l'Académie française, la seule dont il ne fait pas partie. Mais celui par qui il l'a fait faire n'y entendait goutte. Le brave homme! il a tant requis de postes et d'hon-

neurs, il parle du haut de tant de chaires, pré-
side tant de commissions, occupe, avec sa
famille, tant d'immeubles de l'Etat, qu'il n'est
jusqu'à Brunetière pour lui reprocher ses
fraises des serres du Bas-Meudon. Et le bon
Coppée, qui a parfois la dent dure, a fait pour
lui, d'avance, une épitaphe : Ci-gît un homme,
à la seule place qu'il n'a pas demandée...

*
* *

« Messieurs, ne croyez pas que la lecture des
alchimistes se fasse toujours sans quelque
étude. Et je vous en donnerai la preuve incon-
tinent. Un maître, que je salue d'ici, a fait,
dans un texte de Synésius, une traduction bien
amusante. « Tu chaufferas ton mélange, dit
« le texte, φυσικϛιεροις. » Là-dessus ni accents, ni
esprits, doux ou rudes. Et le savant Maître-—
traduttore, tradittore — a cru que le signe ϛ
était un sigma, ς, et a considéré φυσικϛ comme
l'abréviation de φυσικοις. Il en a fait un adjectif,
le prenant pour l'ablatif pluriel de φυσικος,
dérivé de φυσις, nature. Il a cru lire ιεροις, et

l'a rendu par prières : c'était son droit. Voici sa traduction : Tu chaufferas ton mélange en invoquant le génie de la nature. Mais le bonhomme n'a oublié qu'un point : au IIIe siècle, le signe ς n'était pas un sigma ς, c'était une abréviation pour αρ, le τ s'écrivait comme un ι et l'υ remplaçait l'ω, neuf fois sur dix. Le vrai texte n'est pas φυσικωτεροις, mais bien φῶσι κάρτεροῖς, φως étant pris au sens de chaleur et non pas de lumière. Cela signifie tout platement : Tu chaufferas ton mélange à une forte chaleur. Ce n'est pas grandiose mais pratique. Et cela nous montre combien il faut de prudence à un membre de l'Institut dans le choix de l'auteur, quand il veut faire écrire une de ses œuvres!

*
* *

« CHER DOCTEUR ET AMI,

« Vous n'avez pas oublié votre élève Rollier, à qui jadis vous offrîtes chez la mère Monistrol un dîner arrosé de pale ale, en souvenir du repas de des Esseintes à la Taverne anglaise de la rue d'Amsterdam. Impossible de vous joindre le soir de la conférence; il y avait trop de monde et j'avais un article en retard. J'ai lâché la médecine, j'écris dans un quotidien et dans quelques revues. Ce n'est pas encore la critique dans un journal du boulevard. Mais je puis attendre.

« A ce propos, je vais vous en conter une bien bonne, comme dit cette grande crapule de Villemessant. J'avais fait dans une revue un papier sur le style et le vocabulaire de Huysmans : un mois après, je reçois de lui une carte grise m'invitant à venir le voir aux fins de recevoir ses remerciements pour mon article. J'y suis allé, un peu inquiet : il passe pour trouver toute vérité toujours bonne à dire, et franchement, la vérité sur mon talent d'écrivain?... Il a été fort aimable, m'a encouragé à lui montrer « mes esquisses », m'a remercié et m'a dit de venir le voir bientôt.

« Voulez-vous venir écouter le récit de cette aventure, en dînant avec moi, le jour qu'il vous plaira, à la Taverne anglaise — elle existe toujours — où des Esseintes mangea la soupe à l'ox tail et les merluches fumées? »

*
* *

« Mon cher Rollier,

« Je n'ai point oublié que je vous dois d'avoir
lu *A Rebours*, et par suite tout ce qu'a écrit
le Maître.

« C'est avec grand plaisir que j'accepte
votre invitation. Je vous envoie par le même
courrier quelques vues des bords de la Bièvre :
je les ai faites ces derniers temps en vue du
cours de psycho-physiologie que je dois faire
à l'Ecole de médecine. Je compte y étudier
l'influence du milieu sur les écrivains. Voulez-
vous donner à Huysmans ces épreuves, puisque
vous êtes en relation avec lui, et par la même
occasion savoir si l'atelier Débonnaire est bien
celui des sœurs Vatard et à quelle époque il
a commencé à employer l'adjectif « désuet ».
Faites-lui part de mon projet d'étudier son
œuvre devant un auditoire d'étudiants, ce qui
n'est pas un public ordinaire. Je n'aurais pas
d'ailleurs parlé de lui sans son assentiment...
Demandez-lui aussi, si vous en trouvez le

moyen, ce que c'est que cette maison du nᵒ 68,
boulevard d'Italie, qu'on appelle l'hôtel de
Saillet. »

* * *

« Cher docteur,

« Je veux vous écrire un petit mot pour
vous donner les renseignements que vous désirez : je devrais dire l'un des renseignements,
car Huysmans n'a pu m'en fournir que sur un
point.

« Je suis allé le voir lundi dernier, et suis
resté avec lui près de deux heures. Après l'avoir
quitté, j'ai bien eu conscience que j'avais dû
le raser et l'embêter dans les grands prix, et
j'ai presque éprouvé des remords, mais il me
restait cette consolation qu'au bout d'une
vingtaine de minutes j'avais voulu me retirer
— je m'étais même levé et m'apprêtais à
partir — et que c'était Huysmans lui-même
qui m'avait retenu. Je me sens le besoin de
m'excuser, car je suis certain que vous m'en
voudriez d'avoir importuné votre ami.

« Vous pensez bien que je lui ai parlé de vous : je me suis même permis de lui donner quelques détails sur votre vie antérieure, et je lui ai conté pour sa plus grande gaieté le dîner Huysmans chez la mère Monistrol. J'ai essayé de vous dépeindre, et après cette présentation à distance, je lui ai demandé les renseignements que vous désirez avoir.

« L'atelier de brochage du 11, rue de Sèvres, et l'atelier Débonnaire de Désirée Vatard ne font qu'un. Pour l'hôtel de Saillet, Huysmans ne le connaît pas. Quant à savoir à quelle époque le mot « désuet » est entré pour la première fois dans son vocabulaire, faut-il vous dire que cette question a beaucoup fait rire Huysmans et peut-être aussi l'a flatté un peu ? Il s'est levé pour chercher dans Littré s'il n'y trouverait pas le mot « désuet », car il était persuadé que c'était un mot français, et à son grand étonnement, le fameux mot n'y était pas. Enfin, dit-il, j'avais toujours cru que c'était un mot français, et je ne croyais pas avoir fait un néologisme : je pensais que d'autres avaient employé cette expression avant moi.

Il a ajouté qu'il serait enchanté de faire votre connaissance; que vous ne craigniez pas d'aller le voir; que vous ne le dérangeriez en aucune façon.

« Cet homme, qui dans ses écrits, semble d'un caractère capricieux, sujet à de fréquentes boutades, aigri, revêche, est au contraire le plus bienveillant et le plus aimable des hommes. Il m'a parlé avec une condescendance et une bonté véritables, et m'a donné d'amples détails pleins d'intérêt sur ses promenades, d'ailleurs rares et restreintes, sur les bords de la Bièvre.

« Je lui ai alors remis les belles épreuves de la Bièvre, que vous m'avez adressées pour lui. Il s'est empressé d'ouvrir l'enveloppe, et, après les avoir regardées, de préparer une chemise en papier pour les mettre, parce que, m'a-t-il dit, ces épreuves craignent la poussière. C'est vous dire s'il les a trouvées belles et si elles lui ont été agréables. Il m'a prié de vous remercier bien vivement, et de vous dire qu'il regrettait que votre discrétion vous ait empêché de les lui apporter vous-même.

« C'est alors que je lui ai dit que vous vous proposiez d'étudier la psycho-physiologie des milieux dans votre cours à l'Ecole de médecine, en prenant des exemples dans la *Bièvre*, dont les sites seraient montrés en projections, et que vous désiriez savoir s'il n'y voyait pas d'inconvénients. « Mais pas le moins du monde », m'a-t-il répondu.

« Il sait que c'est un ami qui parle de lui; aussi n'a-t-il aucune inquiétude sur ce que vous en pourrez bien dire. Somme toute, il a paru très flatté, je l'ai parfaitement compris.

« Recevez tous les sentiments de reconnaissance et de sympathie de votre ancien élève.

« L. ROLLIER. »

IV

A M. Lucien Descaves.

1889

L'Exposition est ouverte depuis quelques jours. Le président Carnot, aussi noir que bienveillant, est venu, tel un aimable bâton de réglisse, me serrer la main dans le laboratoire de l'alchimiste Michel Maïer.

Il y avait là M. et Mme Dieulafoy, tous deux en complet redingote, l'astronome Faye, directeur de l'observatoire, Nuitter, l'archiviste de l'Opéra et Monval, le bibliothécaire du Théâtre-Français, qui a réussi à se faire la tête de Molière ; le général Boulanger, Cléo de Mérode, Sarah Bernhardt, Lisbonne, l'ancien communard, avec Louise Michel, Aristide Bruant, le

cabaretier de Montmartre, et Rollier, le crayon
à la main. Tout fier de sa carte de journaliste,
il suit de près le Président, se hausse sur les
pointes pour apercevoir les visages connus,
serre des mains innombrables et se prodigue en
félicitations. On croirait que c'est lui qui inau-
gure.

« Si vous attendez un moment ici, me dit-il,
je vais vous amener une visite. — Qui donc?
— Un gentilhomme compliqué. » Et il file
sans m'en dire davantage.

J'attends, dans le laboratoire reconstitué
de Michel Maïer, où la foule, suivant le Président, n'a laissé que le vide. Cet excellent
Maïer, qu'il fut savant et artiste! Né à Ros-
tock, vers 1560, il y devint bachelier, licencié,
docteur. L'empereur Rodolphe lui octroya des
titres de noblesse, et le fit médecin de la ville
de Magdebourg.

Mais ni les honneurs ni les titres ne semblent
l'avoir beaucoup charmé. Il a laissé, en exergue
du beau portrait qui sert de frontispice à son
Atalanta Fugiens, ce distique plein de mélancolie :

HUYSMANS VOULUT DESCENDRE LA RUELLE DES REGULETTES (p. 131).

Tres schola, tres Coesar titulos dedit ; hoec mihi restant :
Posse bene in Christo vivere, posse mori,

*
* *

Mais voici Rollier avec un monsieur mince, en jaquette noire, pantalon gris, haut de forme à bords plats. Une barbe en pointe grisonnante, les yeux de la teinte de la liqueur de Fehling. Et Rollier me présente à Huysmans.

Il cherche de suite à me mettre à l'aise en me parlant de l'Exposition. Il vient de passer une heure, au milieu d'une foule incompréhensive, dans le prodigieux vaisseau du palais des machines qui l'a empoigné, par son incomparable grandeur. Le voilà parti à célébrer cette galerie colossale, « large comme on n'en vit jamais, plus haute que la plus élevée des nefs, avec ses jets d'arceaux qui décrivent comme une exorbitante ogive. Et dans tout ce vide, rapetissées, devenues quasi naines, les énormes machines, dont les pistons semblent paillarder, comme dans des Juliette de fonte, des Roméo d'acier ».

« J'y suis allé le soir, ajoute-t-il, alors que
les lampes Edison s'allument ; la galerie s'allonge
encore et s'illimite. Le phare situé au centre
apparaît ainsi qu'une ruche de verre pointillée
de feux, des étoiles fourmillent, piquent le
cristal dont les tailles brûlent avec les flammes
bleues des soufres, rouges des sarments, lilas
et orangé des gaz. Des ruisseaux de pierres
fines semblent alors couler dans un rayon de
lune et les lueurs du prisme surgissent, se promènent autour de la salle : en une procession
automatique, réglée, elles passent lentement
le long des murs, tantôt informes ou semblables
à de légers frottis, tantôt s'évasant en des
tulipes de feu, se touffant en des végétations
inconnues de flammes (1) ! »

Je m'attendais à une entrevue entre personnes d'abord un peu distant, à un bref entre-

(1) N. B. — Pour ne pas risquer de dénaturer les paroles de
Huysmans lors de cette entrevue, j'ai repris pieusement dans ce
récit qnelques phrases de « Certains » sur l'exposition de 1889.
Mais j'ai gardé le souvenir le plus précis que ce jour-là, Huysmans ne s'est pas exprimé d'une façon bien différente, et que j'ai
entendu dit par lui-même en ce décor d'un laboratoire de 1618,
un de ces morceaux de bravoure dont il a emporté le secret.

tien presque réduit à de discrets propos, à l'exquise politesse d'un congé pris au bout de quelques instants. Il n'en est rien. Huysmans s'est assis dans une vaste chaise, façon XVIe siècle, que j'ai dessinée d'après Kunrath; il s'est appuyé sur la table — faite au faubourg Saint-Antoine — où Maïer a posé un matras à trois cornes près de ses in-folio. Tout à fait à l'aise dans ce décor « désuet », le voilà qui repart et se répand en invectives contre la Tour Eiffel, qui ressemble à un tuyau d'usine en construction, à un suppositoire solitaire et criblé de trous, à un grillage infundibuliforme. Cette volière horrible, ce flacon clissé de paille peinte avec du jus de veau en Bellevue, c'est pour lui l'apothéose de la pile de viaduc et du tablier de pont.

Puis il se lève, et me voyant un peu interloqué, il me parle, pour me mettre à l'aise, de ce Michel Maïer dont j'ai tant étudié l'œuvre singulière. Il voudrait voir le livre du vieil alchimiste : *l'Atalanta Fugiens* (1), et me fait

(1) N. B. — L'*Atalanta Fugiens* de Michel Maïer m'avait été confiée par la bibliothèque Sainte-Geneviève. Ce livre est à la

promettre d'aller la lui montrer. Il s'intéresse à des figures que j'ai reproduites et où Maïer nous montre l'amalgamation de l'or purifié.

« Attrapez, dit le texte, un loup affamé et jetez-lui le corps du roi, pour qu'il en apaise sa voracité. Puis mettez le loup sur un bûcher, le feu réduira en cendres l'animal féroce, et vous verrez le roi renaître. »

Et la figure nous montre le cadavre d'un roi étendu sur le sol; un loup d'aspect féroce commence à le dévorer; au second plan, le roi ressuscité s'élance d'un bûcher ardent où le loup resté se consume. C'est qu'en effet, si l'on chauffe l'amalgame d'or et de mercure, celui-ci se volatilise et l'or demeure sans altération.

Une autre figure attire l'attention d'Huysmans. Est-ce la curiosité des arcanes alchimiques, ou la beauté de ces gravures qui sont des œuvres d'art? Il veut savoir ce que Michel Maïer a caché sous de tels symboles.

---

réserve, au rez-de-chaussée. Il a été souvent admiré par Huysmans, qui en goûtait fort les gravures et la reliure en parchemin jauni.

Deux dragons ailés se combattent en une lutte ardente, et se tuent mutuellement; de leur combat naît un dragon rouge et sans ailes. Je lui explique la figure. Le soufre et le mercure sont volatils quand on les chauffe : de là les ailes. La réaction des deux corps l'un sur l'autre est très violente, d'où le combat; le sulfure de mercure qui en résulte n'est pas volatil même à une forte chaleur, c'est pourquoi le dragon né du combat n'a pas d'ailes; il est rouge, car le sulfure de mercure s'appelle aussi vermillon.

Le texte est plus curieux encore : « Du combat des deux dragons naîtra une couleur précieuse. Ni l'un ni l'autre ne peuvent plus fuir, car ils sont pénétrés mutuellement : ils sont chacun la nourriture de l'autre et chacun prend ce qu'il lui faut de son ennemi. »

C'est, dis-je à Huysmans, un énoncé sommaire de la loi des proportions définies. Il y a là une véritable prescience de l'idée de capacité de saturation, de la loi d'Avogadro.

Il semble bien que Maïer veut dire : une quantité donnée de matière ne peut jamais se

combiner qu'avec une quantité bien déter-
minée d'une autre substance. Il avait dû lire
Zozime, dans son livre des Clefs : Le mercure
étant fixé, fixe; étant retenu, retient. La nature
est retenue par la nature et lui obéit. Nous
dirions aujourd'hui : 200 grammes de mercure
ne peuvent se combiner qu'avec 32 grammes
de soufre; si on met un excès de l'un ou de
l'autre, il n'entrera pas en combinaison.

Huysmans paraît s'amuser. De ce que les
alchimistes grecs et ceux du xvie ont peut-être
entrevu l'ombre d'une des grandes lois de la
chimie moderne, il conclut tout de suite que
la science actuelle est une sinistre blague, et
les savants, des aliborons et des ignares. Je
le pousse un peu dans cette voie, en lui disant
que Eck de Sultzbach en 1489 et Jean Rey
vers 1600 avaient connu l'oxygène, des siècles
avant Lavoisier, et que le chlore était connu
dès 1600 par Van Helmont, l'ancêtre de Cléo
de Mérode, qui était ici il y a une heure.

Là-dessus il s'emballe. Mais il ne fait pas
un geste et la voix presque basse, il dit des
choses énormes, sans appuyer.

Dans ce décor de laboratoire, fait pour être vu d'en deçà de la balustrade, où les murs de vieilles pierres sont en toile, où les meubles du XVIIe siècle sont en sapin teint au brou de noix, les accessoires en carton, où les livres soi-disant de l'époque sont de vieux bouquins sans valeur ou des reliures vides, il se promène comme ravi de tout ce bric-à-brac. Il arpente le sol en toile peinte qui simule un carrelage, pointe son doigt sur les inscriptions murales, où l' οὐροβόρος se mord la queue autour de l'ἓν τὸ πᾶν, manie les cornues et les kérotakis, et compare les tubes de verre, recourbés, trouve-t-il, en replis tortueux, à des intestins où des poisons gargouillent. Les savants modernes passent un mauvais moment. C'est le vulgarisateur F. qui foire une bibliographie gélatineuse dans des journaux d'égout; c'est M. dont les articles se glissent dans les revues comme les punaises dans les fentes du parquet; c'est le docteur S., qui ne dégobille dans les feuilles publiques que les rengaines les plus savatées, et tant d'autres qui ne voient dans la science qu'un moyen de gagner de l'argent, cet argent qu'ils ramasseraient avec leur langue dans les moisissures coulantes et les excréments glaireux.

Ma joie est au comble. Jamais couplet ne m'a été servi avec un tel calme en même temps qu'une telle saveur : jamais n'ai-je entendu pareil torrent d'invectives cascader pour moi seul avec un tel remous. Je le dis à Huysmans, en comparant à sa diatribe l'apostrophe de Paracelse aux savants de son époque. Cela le fait sourire. Il n'avait pas attaché d'importance à ses paroles; causant avec des amis, il s'était laissé aller à dire ce qui lui passait par la tête.

Je lui montre un passage de l'alchimiste van Helmont, qui vivait vers 1600 et qui prétend avoir transformé huit onces de mercure en or en y jetant un quart de grain d'une substance mystérieuse donnée par un voyageur inconnu. Ce savant était l'ancêtre de Cléo de Mérode, la célèbre danseuse, maîtresse bien connue du plus barbu des rois. Elle était là une heure avant, mêlée à la suite du président Carnot, au bras d'un secrétaire de l'ambassade belge. Ce détail amuse Huysmans, et van Helmont l'intéresse. Je lui raconte que ce savant a inventé le mot gaz, qu'il a tiré sans doute de l'allemand geist, esprit ou souffle. Excellent van Helmont, qui avait de si singulières méthodes expérimentales!

« Les vapeurs de l'estomac, disait-il, sont de nature froide et humide, il est facile de le démontrer en envoyant sur une chandelle allumée les éructations qu'on a pendant une digestion difficile. On éteint la chandelle à tout coup. Mais au contraire, les gaz qui gargouillent dans l'intestin et s'échappent avec bruit par le fondement ont acquis une nature calorique et sulfureuse qui leur donne, en même temps qu'une odeur bien connue, le pouvoir de brûler avec une flamme livide et jaune. »

En répétant avec ces derniers gaz et la chandelle la première expérience, mais, ai-je soin d'ajouter — dans des conditions diamétralement opposées — on voit le gaz s'allumer au contact de la flamme et brûler avec une grande lueur.

Huysmans est ravi de cette expérience du

bon alchimiste. En lui assurant que van Helmont devait considérer ces essais comme travaux de laboratoire plutôt que comme expériences de cours public, je mets le comble à sa joie. Il rit presque quand je lui demande si on ne pourrait, dans une conférence scientifique, répéter l'expérience de van Helmont, qui fut comte de Mérode. On s'assurerait le concours du pétomane, qui en ce moment s'exhibe dans un concert de Montmartre. Et il serait à la fois de bonne politique et de courtoisie bien parisienne de prier l'exquise descendante du comte de Mérode de tenir la chandelle en mémoire d'un ancêtre glorieux.

Huysmans part, et m'annonce qu'il m'enverra Georges Montorgueil, un journaliste qui se plaît aux évocations du passé et qu'enchantera mon laboratoire d'alchimiste...

Quelques jours après, vient la visite annoncée. Montorgueil est d'ailleurs un homme fort aimable, aussi au courant des questions scientifiques que peut l'être un chroniqueur.

La semaine suivante, dans un grand journal (1), un trop louangeur article commente mes travaux, et me vaut quelques jalousies dans les milieux qui entourent la vieille Sorbonne.

Huysmans avait passé par là.

(1) Paris, 22 juillet 1889.

V

A M. P. Galichet,
secrétaire général
de la Société Huysmans.

Le poste que j'occupe au Collège de France ne m'oblige pas à y passer de longues heures, et c'est au laboratoire du Parc aux Princes que mes après-midi s'emploient. Cependant, il m'arrive souvent, vers onze heures, d'entrer chez Marey, pour y aider, à la préparation d'un cours, Otto Lund, le mécanicien, et Demagny, le chef de service. Chaque fois, Ernest Renan traverse la cour, à onze heures trois quarts, et aborde l'escalier qui passe devant le laboratoire de physique. Il fait en soufflant, en suant, appuyé sur son parapluie, la lente ascension de cinquante marches. Ce joueur de flûte glorieux, qui se couronne de roses, habite au second.

A midi moins cinq apparaît le savant des savants, le membre de tous les instituts, le ministre à qui la question d'Egypte n'a pas réussi, l'homme à qui il eût mieux valu faire moins de politique anticléricale et savoir un peu plus de cette thermodynamique qu'il ignore. Il marche le front incliné vers la terre, l'œil chargé de pensée, comme il sied quand, devant un concierge, on passe en portant le fardeau de la gloire. Il vient à son laboratoire déverser pendant trois cents secondes le trop-plein de son génie. Ses préparateurs et ses garçons, « autour de lui penchés », gravent dans leurs cerveaux ses lapidaires paroles. Il donne des ordres, qui sont des oracles, il fourbit des plans d'attaque contre les éléments rebelles, il prédit d'avance des conclusions qui sont des bulletins de victoire. Et cinq minutes écoulées, il part comme en entrant, Atlas portant un monde.

Il vient ainsi tous les jours, dimanches et fêtes exceptés, où son génie n'a pas de trop-plein.

C'est pour moi, parfois, une peine de songer

que le premier n'est qu'un cabotin, et que le
second, qui fut le Titan de la chimie, rabaisse
sa vieillesse par des travaux médiocres.

Ce matin, une lettre déposée chez le concierge m'informe que l'administrateur me recevra demain à onze heures et demie. Que
peut-il avoir à me dire?

*
* *

« Monsieur, vous venez de faire paraître un
livre, c'est votre droit. Vous avez relevé des
erreurs de traduction dans un ouvrage où il
est question des alchimistes grecs? C'est votre
droit. Mais faire de ces erreurs — *errare
humanum est* — un tremplin pour cabrioler
dans une conférence publique, n'est pas chose
qui convienne à un membre de l'Université,
à un fonctionnaire de l'Enseignement supérieur. »

Je fais modestement observer au grand
homme que je n'ai mis aucune malignité
dans ma conférence, d'ailleurs privée; que
je me suis toujours incliné devant son génie de

chimiste : tous mes écrits en font foi. Une plaisanterie de carabin, devant des étudiants dont j'étais hier le condisciple, c'est tout au plus le « Tu demeures quand même un mortel » de l'esclave au César triomphant. En attendant, je n'en mène pas large.

« Monsieur, avant qu'en cette maison on trouve vos services inutiles, ne pensez-vous pas qu'il serait mieux pour vous d'en sortir? »

Avec la sottise de l'inexpérience, j'ai eu la naïveté de lui répondre que pour une critique légère, dans une causerie d'étudiants, on ne met pas sur le pavé un homme qui connaît son métier. Il sonne un huissier pour me reconduire et me voici dehors devant la statue de Dante. Je lui trouve une sale gueule : il doit m'en trouver autant.

.   .   .   .

Au restaurant de la place Saint-André-des-Arts, Rollier est attablé devant une terrine de tripes. Assis en face, je lui conte, en déjeunant, mon aventure, qui a le don de déchaîner un accès d'hilarité. Je n'ai pas trop envie de rire.

Rollier, la panse bien garnie, l'œil vif, la lèvre souriante, prend son chapeau. « Je vais rue des Saussaies », dit-il, et le voilà parti. Je n'attache aucune attention à ses paroles.

Trois jours après, un mot de Paul Dupré, le député du XIIIe, m'informe que, grâce à l'appui d'un écrivain distingué, fonctionnaire estimé du ministère de l'Intérieur, il ne saurait être question d'une modification quelconque dans les fonctions que j'occupe au Collège de France et à la Sorbonne.

Huysmans était passé par là. Il avait fait agir un ami attaché au ministère de l'Instruction publique. Quand j'ai voulu plus tard le remercier, il a souri, et m'a assuré qu'il n'avait jamais eu aucune influence, pas plus dans son ministère que dans les autres.

CETTE RUELLE DES GOBELINS, LE PLUS SURPRENANT COIN QUE LE PARIS CONTEMPORAIN RECÈLE (p. 133).

VI

A M. Rosny,
président de l'Académie Goncourt.

Pendant plusieurs années, j'ai été en rapports avec Huysmans, sans jamais chercher à rendre plus rapprochées nos rencontres et plus intimes nos conversations. Il partait de chez lui le matin pour déjeuner et se rendre au ministère et ne rentrait que le soir. Pour rien au monde je n'aurais voulu le déranger à son bureau; c'est là qu'il écrivait en grande partie ses livres. Ce qui nous rapprocha davantage, ce fut le goût commun de la conversation, et le désir de se documenter sur toutes choses. Dans le monde des médecins et des hommes de lettres, il règne une liberté de langage qui s'établit vite entre gens qui ne se connaissent que depuis peu, et qui ne reculent devant aucune crudité d'expression. On n'attache aucune idée de grossièreté ou même d'inconvenance à l'emploi d'un mot, si ce mot fait image, et s'il exprime la pensée avec de la netteté et de la force. Cette espèce de franc-maçonnerie du langage créa vite entre Huysmans et moi un lien de conversation qui n'étonnera pas ceux qui ont connu la verdeur de son vocabulaire.

Enfin, Huysmans, bien que né à Paris, connaissait assez peu la ville. Ma profession de médecin, dans ces quartiers d'études, de travail et de misère, mes visites presque quotidiennes aux hôpitaux, m'avaient amené à savoir par cœur les régions étranges du XIIIe, et m'avaient fait pénétrer dans des logis, dans des consciences et dans des vies de douleurs, de crapule et de crime. Le prêtre ne pénètre plus dans ce monde si bizarre, qui en dehors du médecin, n'a plus d'explorateur pour le connaître et d'écrivain pour le décrire. Rosny, dont l'universel génie a en partie pressenti, en partie deviné ce qu'il n'a pu voir, a écrit sur ce milieu les plus belles pages de *Marthe Ba-*

raquin et de *la Vague rouge*, Francis Carco a tracé dans *les Malheurs de Fernande* et *Jésus-la-Caille* un léger crayon des mœurs de cette caste qui s'accroît chaque jour, et Georges Michel en a laissé voir, dans *les Montparnos*, un tout petit coin, le coin des peintres.

Mais j'attends encore, et presque sans espoir, celui qui après avoir vu — ce que j'appelle vu — le XIIIe arrondissement, racontera son quotidien périple, sans mentir et sans rien cacher. Je ne vois apte à telle besogne qu'un médecin qui seul peut entrer partout et tout voir. Il lui faudra naturellement l'aspect extérieur et la culture physique qui inspirent le respect, et au besoin l'imposent, l'absence de réflexes d'odorat, la connaissance du langage qu'on parle dans ces milieux et qui ne ressemble en rien à l'argot. De ce langage, où il n'y a que des mots français, Carco semble avoir quelque teinture. Il lui faudra de l'aisance, car il ne recevra pas d'honoraires, et une psychologie locale qui ne s'acquiert pas en un jour. Qu'avec cela il soit célibataire — on ne sait si on rentre et quand on rentrera — qu'il ignore le dégoût et la fatigue, et qu'enfin il sache voir et écrire. Avec cela et du talent, il fera un livre! Celui d'un Colomb décrivant un monde que personne ne connaît encore. Ce monde, je dis que personne ne l'a jamais bien vu. La Palisse, génie méconnu, ajouterait que, pour ce motif, personne ne l'a jamais décrit. Et il aurait, comme toujours, raison.

Certes, dans *Marthe Baraquin* et *la Vague rouge*, Rosny a effleuré d'un coup d'œil rapide ces quartiers si prenants dans leur empoignante hideur. Mais le génial écrivain ne peut avoir assez vécu dans l'intérieur des maisons de la rue Jonas, de la rue Barrault, de la rue Daviel, de la rue Damesme; il n'a pas assez entendu de confessions dictées par la douleur ou par la mort approchante, dans la rue Charbonnel, la rue Baudricourt ou la rue du Château-des-Rentiers. Et les naïades d'égout au sourire éploré de la rue Jego ou de la rue de l'Espérance n'ont pas assez apporté dans son cabinet de travail le relent de leurs parfums à quatre sous et l'eau sale de leurs espadrilles juteuses.

Cependant il doit exister une raison pour laquelle tant d'écrivains, et non des moindres, promènent les héros de leurs livres dans le XIIIe, les y logent ou y logent leurs amis pour motiver leurs visites à ces régions étranges. Il serait aisé de montrer cette prédilection par des citations nombreuses.

En se restreignant à quelques-unes, Hugo y a logé tous les acteurs des *Misérables*. Il y a placé les rêveries attristées de Marius Pontmercy, pris par l'amour de Cosette et devenu incapable d'autre chose que d'y songer. « Et il allait au Champ de l'Alouette. Il habitait le Champ de l'Alouette plus que le logis de Courfeyrac. Sa véritable adresse était celle-ci : boulevard de la Santé, au septième arbre après la rue Croulebarbe. Ce matin-là, il avait quitté ce septième arbre et s'était assis sur le parapet de la rivière des Gobelins. Un gai soleil pénétrait les feuilles fraîches épanouies et toutes lumineuses, il entendait au-dessous de lui, sur les deux bords de la rivière, les laveuses des Gobelins battre leur linge, et au-dessus de sa tête, les oiseaux chanter et jaser dans les ormes. »

La place où Marius était assis peut se voir encore avec une échelle, rue Croulebarbe, par-dessus le mur du jardin des Gobelins en face la sortie de la ruelle des Reculettes. Il y avait là (1889) une porte à claire-voie et un escalier dont l'illustration n° 4 montre la rampe en fer. On a muré la porte; mais rue Corvisart, en face de la rue Gondinet, il en existe une autre qu'on voit bien dans la photographie et par laquelle apparaît encore ce coin pittoresque.

Marius ne pourra plus s'asseoir sur le parapet du petit pont, car les pierres en sont surmontées d'une palissade de planches jointives. Mais elles laissent entre elles quelques fentes étroites et rares; l'œil avide du biévriste en chasse peut apercevoir un coin désolé de jardin bordant le ruisseau, quelques plates-bandes de choux et d'oignons, et un tas de débris sur lequel le jet de vapeur d'une machine crache avec un toussotement perpétuel.

C'est par là que les Goncourt ont logé Crescent, qui en réalité s'appelait Tourne-mine. Il habitait en fait rue de Vaugirard et avait, paraît-il, un beau talent de paysagiste. Il avait, disent-ils, acheté pour trente francs un wagon de marchandises mis au rebut par la Compagnie d'Orléans, et cinquante mètres de terrain au bord de la Bièvre. Il avait mis le wagon sur le terrain : c'était une maison comme une autre. A cette maison dans le site qui avait fait de lui un paysagiste, est due la page des Goncourt par laquelle débute ce livre.

Vient la Bièvre de Huysmans, vers 1887. Pendant une vingtaine d'années, il se produit autour de « cette salope de petite rivière » le phénomène le plus singulier qu'on puisse imaginer. Il ne semble pas, à ma connaissance du moins, qu'on en retrouve les traces bien nettes dans les livres ou les iconographies. Entre la poterne des Peupliers et la rue Geoffroy-Saint-Hilaire, de 1888 à 1913 environ, des milliers de promeneurs, le plan de Paris à la main, ont refait l'itinéraire d'Huysmans, se perdant, se retrouvant et renonçant à le suivre, pour recommencer le lendemain.

Pèlerins passionnés, nous avons suivi le cours

de « cette pauvre rivière opprimée », traversé
en tous sens les ruelles étroites et les terrains
vagues qui la bordent. Nous avons essayé de
refaire les voyages du Maître dans le dédale
de la Glacière et des Gobelins. Quand nous
étions déroutés, quand le ruisseau avait disparu, quand son cours était devenu inacces-
sible, ou qu'une faute d'itinéraire nous éloi-
gnait de lui, de quelles ruses ne fallait-il pas
user pour le retrouver dans des recoins invrai-
semblables, dans des arrière-cours ou des passages bardés de grilles et de fils barbelés. Quels
amoureux, profondément épris, ou quels col-
chidiens chercheurs, acharnés à la queste d'une
toison toujours fugitive, auraient ainsi fait,
refait, suivi et recoupé cet itinéraire, dont il
fallait à chaque pas retrouver le fil d'Ariane
perdu dans un égout.

J'ai vu, les matins du dimanche, des jeunes
hommes qu'avait pâlis une semaine de travail
errer sans se connaître et même sans se voir,
au long des rues Daviel, Vergniaud et Brillat-
Savarin. D'autres rôdaient inlassablement rue
de la Clef, rue Pascal, rue Santeuil, pour l'émoi

des concierges et des sergents de ville. C'était comme une confrérie dont chaque membre ignorait les autres, et, tout à son pèlerinage, ne voyait pas même que d'autres suivaient la même route et s'arrêtaient aux mêmes recoins.

Je me rappelle qu'un matin, vers onze heures, dans une cour de l'impasse des Ecoles, vers le point où la rue de l'Ebre rejoint celle de la Glacière, à deux pas de cette impasse Reille où ont émigré les sœurs de Saint-François, missionnaires de Marie, le feutre à la main, j'abordai la concierge et demandai la permission de faire une photographie de la Bièvre, que de la cour on voyait par-dessus le petit mur. Oncques ne vis femelle plus furieuse. « Vous êtes le quinzième depuis ce matin, rugit-elle, c'est un coup monté par cette fripouille de Jolivet, qui envoie ici, pour m'em... bêter, tous les agents voyers de la ville! Encore s'ils empêchaient les inondations! Mais tous ces gars-là font semblant de faire des photos ou de lever des plans, et après vont se foutre de moi chez Vizerne. C'est tout ce qu'ils fichent, et tous les ans l'eau monte et déclinque tout dans ma loge. Foutez le camp ou je lâche le chien ! »

En face de ce « dragon du seuil » j'avoue que je n'en menais pas large. Ne pouvant placer un mot, je sortis de ma poche des pièces blanches, ce qui me parut suffisant pour constituer ma rançon. Une entente cordiale aboutit bientôt. Après avoir juré sur l'honneur que « Vizerne et cette fripouille de Jolivet » m'étaient absolument étrangers, j'obtins l'autorisation de faire une épreuve. Elle figure dans ce livre.

C'est qu'en effet, dans ces régions, la population, toujours soupçonneuse et toujours sur ses gardes, n'admettait pas sans difficultés nos promenades. Un homme qui erre dans un site affreux, reste en extase, les pieds dans la boue, devant un ruisseau qui roule des ordures, consulte un plan et fait une photographie ou des croquis sur un carnet, ne peut être qu'un agent voyer ou un arpenteur. Vous n'allez pas essayer de faire comprendre pourquoi vous êtes là, quelles traces vous cherchez à retrouver, et de qui vous évoquez la présence ? Et ce kodak ou ce carnet, qui complique encore les choses! Agent voyer ou arpenteur, croquis ou notes, cela évoque l'idée du comité d'hygiène ou de la police : la crainte de voir démolir les masures Gorbeau ou ces demeures qu'on a eu tant de peine à se bâtir avec des boîtes de conserves pleines de terre, du bois volé dans les chantiers, un peu brûlé, pour en cacher la surface neuve, et des bouts de tôle ondulée, cueillis la nuit dans les gares de Paris-Ceinture! Voilà pourquoi, ce qu'on y risque le plus, c'est de recevoir sur les mains, de derrière les planches d'une palissade, un silex tranchant trempé dans la boue et le crottin pour donner le tétanos, et lancé avec un bout d'élastique. C'est de cette façon que « la Bièvre » a fait des victimes. On s'en souvient encore à l'hôpital Broca. Il a fallu, pour en convaincre Huysmans, qui n'en croyait pas ses oreilles, le conduire un jour à la salle de garde.

Pour ces suiveurs des pas du Maître, il n'existait rien en dehors de ses œuvres. Oubliés Jean Valjean, Cosette, Marius Pontmercy, Thénardier et Montparnasse. Oubliée, ou pas lue, *Manette Salomon*. A peine André Cas-

taigne, hugolâtre immarcessible, m'a-t-il dit
avoir rôdé une fois à la recherche de leurs
ombres, aux alentours de la rue Godefroy.
De tout ce qui fut eux, presque rien n'est
resté. « Où il y avait un bout de jardin, m'écri-
vait-il, il y a une usine; où il y avait une rac-
crocheuse ou un étron, il y en a quatre. » Et
c'était en 1879! La Bièvre continuait à rouler
son eau misérable au pied du banc où Jean
Valjean s'asseyait avec Cosette, et c'était tout.
Cela fait un pèlerin pour les huit volumes de
Hugo. Je n'en connais point qui ait laissé le
souvenir de pèlerinage pour le livre des Goncourt. Mais avec ceux qui sont venus évoquer
l'ombre de Huysmans au bord de l'inoubliable
rivière, combien pourrait-on faire de régiments.

Comment expliquer enfin l'attirance de ces
« voies douloureuses », vers lesquelles, même
prévenus de risques sérieux, se sont sentis
attirés, pendant vingt ans, des milliers d'artistes et de rêveurs, comme les Gordon Pym
d'un irrésistible pôle? Il y a mieux encore. En
mai 1924, j'ai revu, en un bref périple, cette

région de misère. On ne voit plus la Bièvre à découvert, dans la rue, nulle part. Presque toutes les masures à la Sébastien Leclerc ont disparu : presque tous les recoins embus d'une crasse pittoresque ont fait place à de hautes maisons rectangulaires où s'alignent des bars, des magasins ou des écoles, au long des rues élargies où gueulent des camions furieux, mais il y a encore des chercheurs de Bièvre. Dans la ruelle des Reculettes, dont il ne subsistait plus qu'un côté, deux jeunes gens maudissaient, en termes très nets, « ces salauds de l'école Estienne, qui font démolir tout ce qui reste de pittoresque pour agrandir leur usine ».

Ni Hugo, ni Goncourt, n'ont amené personne ou presque sur les bords de la Bièvre, tandis qu'Huysmans a entraîné un peuple de pèlerins sur ses traces, faut-il en trouver la cause dans les changements produits en cinquante ans par la lecture et les modifications du milieu social? A l'époque de Jean Valjean, vers 1830, les bords de la Bièvre, dans la région comprise entre la rue de la Santé et la rue Vergniaud, étaient une campagne, avec de vrais arbres et

de vraies prairies, qu'on inondait l'hiver pour
y patiner et pour y faire des provisions de
glace. Le quartier de la Glacière en a tiré son
nom.

L'espace entouré par la rue Barrault, la rue
Brillat-Savarin et le boulevard Auguste-Blanqui
était alors en hiver une vaste plaine de glace
de deux pieds de profondeur où évoluaient à
l'envi traîneaux et patineurs. C'était à certains
jours le rendez-vous de la bonne société. Courfeyrac y devait saluer la marquise de Listo-
mère; Lucien de Rubempré, Omer Héricourt
et Rastignac y devaient tour à tour escorter le
traîneau de Mme de Nucingen, sous l'œil
caustique ou paternel de Gaudissart et du
père Goriot.

En été, c'était une vaste campagne semée de
peupliers et de saules, où la Bièvre, limpide
et murmurante, arrosait tout un échiquier de
cabarets et de guinguettes. Le Bon-Coin, les
Deux-Noyers, le Veau-qui-tette, y attendaient,
les dimanches, Dieudonné Cavrois, M. d'Ori-
champs, Grantaire, Combeferre et Bahorel.
Les jours de la semaine, on y faisait paître les

vaches amenées des étables de la rue de l'Ebre ;
les enfants y coupaient l'herbe pour les lapins,
et faisaient voguer des bateaux de papier sur
l'eau paisible de la Bièvre.

Nul danger n'y menaçait le promeneur égaré
par hasard en cette campagne lointaine et à
peu près déserte. Qu'y seraient allés faire
Thénardier, Bigrenaille et Claquesous, qui n'y
eussent trouvé ni Urbain Fabre et sa petite
compagne, ni bourse à couper, ni montre à
voler dans la foule.

Mais quand Huysmans écrivit *la Bièvre*
(1886), qui se répandit surtout à partir de 1890
avec l'édition illustrée de *Genonceaux*, il ne
restait pas grand'chose de cette plaine tantôt
verdoyante et tantôt miroitante de l'éclat sec
du gel. Vingt ans de démocratie avaient cen-
tuplé la pègre ; si la prostitution n'était pas,
comme aujourd'hui, l'industrie qui fait le plus
important chiffre d'affaires et paie le moins
important chiffre d'impôts, elle occupait déjà,
dans le budget de la France, sinon le premier
du moins un rang fort honorable. Quand la loi
de 1893 ouvrit les écluses qui retenaient encore

les flots de l'alcool, les bars s'installèrent à tous les coins, avec leur clientèle de souteneurs et de filles. Le quartier, qui n'était qu'ignoblement dégoûtant, devint sinistrement infâme. Ce fut le bon temps de la pègre. Des curieux y vinrent chercher J.-B. Chopin, Barouge, les autres héros de Bruant, et Mme la Boule; ils y trouvèrent Victor Huraud, le Rouge, et son poteau Double-Pince. Il n'y avait à récolter par là que des coups de lingue ou de soufflant. Les curieux se lassèrent vite, mais rien ne lassa les biévristes et leurs pèlerinages durent encore autour d'une Mecque à jamais disparue.

Du vivant de Huysmans, comme disent Poinsot et Langé, ceux qui refaisaient ses promenades escomptaient toujours une rencontre possible. Ils espéraient voir « déboucher du coin d'une rue la figure singulièrement grave, troublée, soucieuse » du Maître. Ils l'attendaient même, isolés ou en petits groupes, à l'heure de la messe, en faisant les cent pas rue de Vaugirard et rue de Rennes, entre la rue de l'Abbé-Grégoire et la rue du Regard. J'ai vu ce curieux manège un matin de juin 1904.

...DE DÉLICIEUSES HIDEURS BLASONNÉES PAR L'ART (p. 134).

D'autres attendaient aux portes de Saint-Sulpice à l'heure des offices, pendant la semaine sainte, et parcouraient, inquiets, toute l'église, aux chants du *Dies irae*.

Il en était d'autres — Huysmans m'a accusé d'être de ceux-là — qui cherchaient dans ces promenades des émotions à plusieurs étages et à répétition. Ils allaient à l'aventure, dessinaient des coins sinistres, déjeunaient chez des mannezingues du quartier, y causaient avec des ouvremards, des marlous et des fillasses, et reprenaient leur promenade, parfois un peu inquiets et tâtant au fond de leur poche, sans se retourner, si l'arme salvatrice était bien à sa place. Quand le jour commençait à décroître, ils regagnaient au plus vite les grandes voies pour y trouver des omnibus, car il n'y avait point de fiacres dans ces quartiers perdus. Rentrés, après des attentes interminables et des détours sans fin, dans leur demeure accueillante et tiède, sous la lueur amie de la lampe, ils pouvaient à loisir savourer le contraste de ce milieu de luxe et de sécurité avec « la détresse des habitats miséreux, les fanges des cours et les silhouettes fantastiques dressées au bord d'une rivière de tanneurs ». C'était dans toute son ampleur, avec tous ses détails et tous ses raffinements, le *suave mari magno* de Lucrèce, cette joie de vivre, de sentir qu'on vit et de goûter une sécurité intémérable pendant que d'autres, à côté, peinent, souffrent et crèvent.

Essayez par exemple, habillé sans luxe, par un après-midi d'automne, un samedi ou un lundi, de partir dè la place d'Italie pour suivre les rues Jonas, Samson, Martin-Bernard, Michel-Barrault, Daviel, de la Glacière, de l'Ebre, de la Santé, Ferrus, Broca, du Chant-de-l'Alouette, des Cordelières, passage Moret, ruelle des Gobelins, rue des Marmousets, de la Reine-Blanche, du Banquier, Esquirol, cité Doré et retrouver la place d'Italie par le boulevard de la Gare. Vous aurez ainsi parcouru presque tout le territoire où évoluent les acteurs des *Misérables*, de *Manette Salomon*, de *Marthe Baraquin* et cette actrice incomparable et muette : la Bièvre.

Admettons qu'il ne vous soit rien arrivé et

que vous rentriez chez vous. C'est chose possible : je l'ai vu. *Adsum qui feci.* Vous avez
fait huit kilomètres. Vous êtes un peu las.
Mettez-vous en pantoufles au coin du feu et
savourez un bon dîner en lisant quelque bouquin facile qui vous rappelle ce que vous avez
vu : Stevenson's Strange case of Dr. Jekyll,
par exemple, ou l'une des aventures de Sher-
lock Holmes. Si vous ne vous êtes pas créé de
toutes pièces un *suave mari magno* de premier
ordre, c'est qu'on m'a changé mon XIIIe.
Il peut aussi se faire que vous soyez à l'hôpital
Broca ou dans un terrain vague de la rue Charbonnel avec un lingue dans le bide. Mais ce
sont là des accidents du travail. On n'a rien
sans peine.

Huysmans ne goûtait guère ce genre de promenades. Il tenait à son haut de forme à bords
plats et à sa jaquette noire. A cette époque,
cette tenue n'attirait pas l'attention, tous les
employés portaient le tube, mais dans le XIIIe
on n'en voyait que sur les grandes voies. Quand
j'arrivais avec un veston de misère, des souliers tordus comme des accordéons, et le vieux

galurin d'un noir verdi que j'avais eu tant de peine à culotter, Huysmans ne manquait pas de me dire : « Vous allez encore nous faire tuer. » Lorsque, plus tard, il a parcouru les quartiers moins dangereux de Saint-Séverin, il était accompagné de guides éprouvés et de gardiens que sa situation au ministère et ses relations avec la Sûreté lui procuraient aisément.

Mais avant 1886, il faisait seul ou avec un ami les promenades qu'il a contées avec tant de saveur. Je crois bien que pour la Bièvre, tout se réduisit à deux ou trois excursions. Dans la première, partant de la place d'Italie, il descendit l'avenue Sœur-Rosalie, la ruelle des Reculettes jusqu'à la rue Croulebarbe, s'arrêta à la petite porte à claire-voie, en face de la ruelle, qui donne sur les jardins de la manufacture, et remonta la rue Croulebarbe jusqu'à l'avenue des Gobelins. Puis, passant devant la grande porte des ateliers, il prit la rue des Gobelins, la rue des Marmousets, le petit pont, la ruelle, le passage Moret, la rue des Cordelières pour arriver au boulevard

Arago. Là, il erra sur le boulevard, entre la rue Saint-Hippolyte et le bout du boulevard de Port-Royal, traversa la rue de Bazeilles et suivit les rues du Fer-à-Moulin, Censier, Santeuil; arrivé à la rue Geoffroy-Saint-Hilaire, il rôda dans l'annexe du Jardin des Plantes qui longe la rue Buffon. Il rentra par le boulevard Saint-Germain en prenant l'omnibus Halle aux Vins. Place des Ternes, devant ce café où plus tard entra Durtal pour donner à Hyacinthe Maubel un rendez-vous à la gare Montparnasse, et chercher son nom dans le Bottin. A l'entresol, au-dessus de ce café, A. Daudet a logé un de ses héros, qui y meurt d'une façon tragique.

C'est quelque temps après — il avait écrit une partie de *la Bièvre* — qu'il décida une seconde visite au ruisseau. Je crois avoir compris que, quittant le chemin de fer de Ceinture à la station de la Maison-Blanche, il avait suivi l'avenue d'Italie jusqu'au boulevard Kellermann, descendu le chemin des Peupliers jusqu'à la Poterne, suivi la rue des Peupliers et la rue de la Colonie et qu'il était revenu par le talus de Tolbiac. Il avait alors pris le passage Vandrezanne, la rue du Moulin-des-Prés et retrouvé, de l'autre côté du boulevard d'Italie, le tronçon de cette rue qui s'appelle aujourd'hui rue Abel-Hovelacque. Il était ainsi revenu à son point de départ.

On comprend que je n'ai pas interrogé Huysmans sur ses promenades au bord de la Bièvre, et c'est après d'assez longues recherches que je crois avoir retrouvé cet itinéraire. Il n'avait pas besoin, pour écrire les extraordinaires pages de la Bièvre, d'être retourné souvent sur ses bords. Cyprien Tibaille le disait bien à André Jayant : « Il n'y a pas à dire, jamais toi ni les autres ne connaissez bien les rues que vous décrivez. Vous y allez deux fois, vous prenez des notes, et vous vous imaginez que cela suffit, comme si, pour dépeindre la vie d'un endroit, il ne fallait pas y avoir demeuré et roulé de toutes parts ! »

C'est ce qui rend plus surprenante encore la description du quartier des Gobelins. Il y est allé deux fois, deux après-midi de septembre en 1885, et de ces deux promenades il a sorti le livre étonnant qui renferme peut-être les pages maîtresses de son œuvre.

André Thérive appelle cela « la marque, la griffe d'une puissance presque inconsciente mais tyrannique, et cette puissance-là s'appelle ou peut s'appeler un mode singulier du génie. En effet, dévoiler l'étrangeté des choses banales, c'est la tâche propre du génie humain ».

Huysmans fut fort étonné quand, quelque six mois plus tard, le hasard d'une promenade me fit lui raconter comment j'avais reconstitué l'itinéraire de ses promenades dans Croulebarbe et la Maison-Blanche. Il est évident qu'il n'avait pas parcouru la partie du boulevard d'Italie comprise entre la rue du Moulin-des-Prés et la rue Vergniaud. Il n'eût pas manqué, en effet, de voir — d'en parler et de décrire — cette maison déserte tout près du bout de la rue Corvisart, et séparée du boulevard par un immense jardin inculte et une longue grille de fer rouillé. Avec son toit à lucarnes, en ruine, ses mansardes, ses statues dans des niches au premier étage et ses colonnes au rez-de-chaussée, elle était le type de ces

« folies » que le xviiie siècle sema un peu partout dans la banlieue parisienne. Interrogés, les gens du quartier ne savaient rien sur cette demeure. Quelques-uns l'appelaient l'hôtel de Saillet. D'autres affirmaient que Napoléon y avait signé son divorce avec Joséphine. Ce vieux logis servait à cette époque (1889) au sculpteur Rodin comme dépôt de marbres. C'était la gloire et l'ornement du quartier. Huysmans ne l'avait pas vu; il l'avait dit à Rollier, il me le répéta d'ailleurs plus tard, il n'était donc pas passé sur le tronçon du boulevard où cette ruine monumentale attirait les regards de trois cents mètres à la ronde.

Il n'était pas descendu non plus au point le plus bas de la vallée de la Bièvre, celui où, entre les rues Vergniaud et Barrault, on voyait les deux bras du ruisseau rapprochés l'un de l'autre de moins de deux mètres. Entre les deux ruisseaux, bordés de peupliers malingres, il y avait près d'un mètre de différence de niveau. C'est ce qui permettait d'inonder aisément au temps du patinage toute la région comprise entre la rue de la Glacière, les rues

Daviel et Vergniaud. Puis un double tuyau recevait les deux bras et les conduisait en traversant le boulevard d'Italie, l'un à la rue Paul-Gervais, l'autre à la rue Gondinet. Le premier reparaît dans les jardins de la manufacture, nous le retrouverons dans *De Tout*, le second est celui qu'on voyait ruelle des Gobelins et rue Croulebarbe. C'est surtout le long de ces deux bras et dans le passage Moret que les fidèles du culte huysmansien ont, pendant des années, célébré leurs offices.

VII

A M. Aubault de la Haute Chambre.

LE NOM DE DURTAL

C'est toujours avec respect, et sans familiarité, que j'ai abordé Huysmans qui d'ailleurs m'en savait gré. Ce n'est pas que nos conversations fussent édifiantes : je pense au contraire qu'elles eussent fort scandalisé. D'ailleurs, un auditeur inaverti n'en eût pas compris la majeure partie.

Ce qu'il en aurait pu comprendre l'aurait du reste « moult horrifié ».

On sait combien tenait de place dans ses préoccupations et dans ses conversations ce qu'il appelait « la bonne nourriture ». Mais il y a assez loin des soucis stomacaux et culinaires de Folantin à la réalité. Huysmans n'était pas le dyspeptique qu'on a voulu faire de lui. Il ne mangeait pas de tout; il ne mangeait pas de pleines assiettées de chaque plat, mais chaque fois que j'ai pris un repas avec lui, je l'ai toujours vu faire honneur au menu. Par contre, il s'amusait de mon appétit, et me regardait avec quelque surprise engouffrer à mon déjeuner ce qui l'eût nourri pendant une semaine. Il s'était aussi fort réjoui des « menus à la Folantin » que j'avais la manie médiocrement spirituelle d'improviser, pour le grand dégoût des voisins de table et la fureur des gargotiers. Je prenais mes repas chez un mastroquet de la place Saint-André-des-Arts, presque au coin de la rue Suger : la cuisine y était bonne et les rations abondantes. Des cochers, quelques étudiants, des employés des magasins du boulevard Saint-Michel en composaient surtout la clientèle. Elle n'était pas d'une élégance raffinée, mais la salle était propre et de ma table je voyais la fontaine Saint-Michel, la place, et le clocher de Saint-Séverin.

C'est là qu'il arriva, certain dimanche, sachant m'y trouver à midi tapant. Je finissais de me laver les mains quand il ouvrit la porte. Avec quelque hésitation, je lui demandai d'accepter de déjeuner avec moi; il avait à me parler assez longtemps, il accepta tout de suite : c'était, en effet, pour lui comme pour moi, le moyen le meilleur pour ménager notre temps.

A peine étions-nous assis l'un près de l'autre :

« De quels noms allez-vous qualifier ce qu'on va nous servir? dit-il. C'est pour moi une espèce de remords d'avoir écrit *A Vau l'eau*, quand je pense que vous avez pris là dedans l'habitude des horreurs préprandiales avec lesquelles vous scandalisez les gargotiers. Et il paraît même que vous faites, depuis quelque temps, école.

— Mais, fis-je, il n'y a ce matin rien que de très bon et de très simple : du bouillon parfumé, où entrent de la viande, des os et d'excellents légumes. On l'appelait autrefois bouillon Michel Strogoff, parce que, « de tous ses œils, il vous regarde ». Mais avec les petits grains qu'il dépose au fond des soupières, il ressemble bien plutôt au liquide avec lequel on vient de laver une vessie; je l'appelle pour cela « consommé Guyon », et c'est une façon pour moi d'honorer mon vénéré maître. Il y a ensuite des laitances de harengs qui ont la couleur et l'aspect de très petits fœtus, des maquereaux au vin blanc, dont la chair, délicieusement épicée, s'effiloche en mèches comme la pulpe des gommes syphilitiques, et d'excellents rognons en sauce madère, que vous prendriez pour des doigts de pieds de nègres, au jus de rat. Quant au camembert, d'ailleurs parfait, il justifie bien, par son aspect, le *caseum membri* de son étymologie, en mettant, comme il sied, le nom à l'accusatif. »

Cette ânerie enchanta Huysmans. Il n'aimait pas à dire quoi que ce fût qui ressemblât à une plaisanterie, mais il la goûtait chez les autres, si elle était outrancière et dite de la façon qu'il convient. Il avait vécu dans le monde des peintres et connaissait leur genre d'esprit : il a écrit là-dessus *la Genèse du peintre*. Mais la conversation habituelle aux

carabins ne lui était pas familière et il était
chaque fois un peu surpris de la saveur spéciale
que lui donnent des emprunts perpétuels au
vocabulaire de la maladie et de la mort, et à
toutes les horreurs matérielles qu'elles char-
rient avec elles.

Le garçon qui m'était dévoué — j'avais
soigné sa femme, il soignait mes portions —
apportait une soupière de bouillon Michel
Strogoff. Huysmans en prit une assiettée, avec
du céleri, un poireau, un navet. Il fut un peu
éberlué de me voir avaler le reste de la soupière, où j'avais taillé de larges tranches d'un
pain blanc, frais et craquant sous la dent. Et
cela m'encouragea à lui demander quelque
chose qui me tracassait depuis longtemps. Au
début de nos relations, je n'aurais pas osé le
faire, mais je m'étais un peu enhardi depuis
que j'avais parlé de ses livres dans mon cours
à l'Ecole de médecine ; il n'ignorait pas comment
j'avais traité la question, et que je savais à
peu près par cœur ses ouvrages.

« J'ai remarqué, lui dis-je, que le mot miche
figure dans vos livres avec un sens nouveau :

celui de morceau de pain, de part qu'on se coupe dans un pain entier, dans ce qu'on appelle communément une miche, c'est-à-dire un pain long, comme celui-ci. » Je lui en montrai un sur la table. « Ainsi : l'oncle Antoine tira un couteau de sa poche, l'ouvrit et se tailla des miches. Il se trancha un bloc de pain, enfourna dans la mie un morceau de viande, et engloutit la miche et le veau. — Le peintre s'enfournait de la hure et des miches de pain, et lapait sec. — Il demanda la permission de se tailler une miche. »

Huysmans parut tomber des nues. « Mais, j'avais toujours cru l'expression courante, et il me semblait l'avoir entendue partout. C'est l'histoire du mot « désuet » qui recommence. Il faudrait savoir comment on dit en Anjou et en Touraine, où il faut aller chercher toujours le sens vraiment français des expressions, quand on n'en est pas sûr.

— Dans ces pays-là, dis-je, on dit une tartine quand le pain est mince et qu'on peut y mordre sans le rompre ou le couper. Le véritable sandwich anglais est formé de deux tartines accolées. Quand le morceau séparé d'un pain ne présente la mie que d'un seul côté, on dit un quignon. Et pour tout le reste on dit un morceau de pain. »

Muni d'un couteau, je lui avais taillé dans le pain un spécimen de chaque espèce, et déposé le tout devant son assiette.

« Mâtin, dit-il, vous êtes documenté sur le langage de ces provinces; seriez-vous par hasard « né natif » de ces régions-là?

— Non, dis-je, mais ma famille en est originaire. Sur la ligne d'Angers à la Flèche, tout près du gros bourg de Durtal, un petit village, *Lexiniacum* à l'époque gallo-romaine, est devenu, au moyen âge, Lézinié, Lézignier ou Lézigné. L'un des miens y possédait, au temps de Louis XIII, un château dont il reste quatre pierres, et des forêts immenses dont il ne reste rien. Quatre-vingt-treize a fait place nette. L'excellent homme en partit pour rejoindre Richelieu au siège de la Rochelle. Il guerroya longtemps au service du Roy, et ne dut pas s'y enrichir. Son fils aîné fut tué pendant la Fronde; un autre au passage du

LES PARTERRES DES GOBELINS S'ÉGAIENT DE CHRYSANTHÈMES (p. 135).

Rhin; l'avant-dernier descendant m'a laissé l'épée et la croix qu'il portait à Austerlitz; le dernier m'a laissé... rien du tout. Voilà pourquoi je cherche au Quartier latin miches, quignons et tartines.

— Durtal! dit Huysmans, qui avait l'air de réfléchir à quelque chose, mais cela ne ressemble pas à un nom français. Dans les idiomes du Nord, cela pourrait vouloir dire la vallée de l'aridité ou la vallée de la Porte; Dürer avait une porte dans ses armoiries. Et ce gros Liliental, qui vient de se tuer en essayant une espèce de ballon, portait allégrement ce nom ridicule de « Vallée des Lis! » Mais voyons, y êtes-vous allé?

— Oui, il y a quelques années : j'étais venu d'Angers à Lézinier par curiosité, pour voir s'il ne restait pas quelque souvenir de ma famille. C'est un trou, dont les maisons sont groupées autour de la gare, la dernière station avant Durtal. Comme c'est tout près, j'ai été à pied prendre le train à Durtal, qui est un déplaisant repaire de tonneliers et de vignerons.

— Durtal! » répéta encore Huysmans. Il demanda au garçon l'indicateur des chemins de fer, le feuilleta, et écrivit quelques mots au crayon sur un calepin.

.

Au bout d'une minute, il reposa l'indicateur sur le bout de la table et demeura un instant silencieux, l'air préoccupé :

« Ce n'est pas toujours commode, dit-il, sans transition, que de trouver des noms qui s'adaptent à peu près au personnage et qui ne vous attirent pas des embêtements quand paraît le livre. Voyez-vous un auteur appelant ses héros Sarah Bernhardt ou Casimir Périer? Et rappelez-vous, dans *Renée Mauperin*, l'histoire de Villacourt.

— On peut les appeler autrement, fis-je, par exemple :

« Aulamer, Vidouvé, Voblat, Tricot, Buquet,
« Degagnac, Thomassin, Chevillage, Briquet,
« Benoni, Gatonax, Chaudrut, Bourdat, Romel,
« Colombel, de Fréchède, Herbier, Tourte, Gamel,

« Constant, Piffart, Laveau, Larmanche, Landouzé,
« Ginginet, Desableaux, Ragache, Letouzey,
« Marle, Martin, Michon, Moran, Machut, Mignot,
« Jayant, Langlois, Vatard, Tibaille, Berthulot,
« D'Aigurande, Rodalt, Saparois...

— Qu'est-ce que c'est que ça, s'écria Huysmans, interloqué. Il y a des noms que je connais !

— C'est assez naturel, dis-je, puisque ce sont les noms des héros de vos ouvrages : pour mieux me les rappeler, j'en ai fait le joli poème dont je viens de vous dire les premiers vers : cela m'a parfois rendu bien service quand je parlais de vos livres.

— Vous en avez de bonnes, dit Huysmans en souriant.

« Mais voyons, si nous nous occupions des autres. J'étais justement venu pour vous dire que, rue du Moulin-des-Prés, il y a de pauvres gens dans une détresse affreuse. Quelqu'un leur a porté les secours matériels les plus nécessaires, mais le père a une pneumonie, les soins médicaux lui manquent, et il n'est pas transportable en ce moment. J'avais pensé que, peut-être, comme l'autre jour, vous consenti-riez... mais cela va bien vous ennuyer : c'est dimanche, et d'ailleurs vous ne vous cachez pas de détester votre métier et d'abhorrer les ma-lades.

— Certes, mais cela n'empêche pas d'aller voir votre protégé si vous pensez que, malgré mes soins, il puisse guérir. D'ailleurs il fait beau, et j'en ai justement un autre à achever dans le même quartier. »

Le *de cujus* était un hideux vieillard, avec une belle pneumonie des alcooliques. Il se ré-tablit tout de même assez vite. Je ne croyais certes pas que personne pût m'en vouloir, car je ne pense point avoir été pour rien dans sa guérison. Mais l'entourage, qui avait escompté la disparition du vieux, ne me pardonna point. Et de longtemps, j'évitai de passer par là. Surtout le soir.

**
* **

Dans la *Revue hebdomadaire*, en 1908, Henry Céard et Jean de Caldain ont écrit les lignes suivantes :

« Quand nous avons feuilleté les cahiers où Huysmans, la plume à la main, essayait les noms des personnages qu'il se proposait de mettre en scène dans ses romans, nous n'avons pas trouvé le nom de Durtal... le Durtal qui sera le personnage de premier plan de tous les livres de Huysmans dans l'avenir... Durtal, comme la plupart des noms employés par Huysmans, fut choisi parmi les noms de la table de l'indicateur des chemins de fer. »

On sait maintenant où, quand et comment.

VIII

A M. André Thérive.

Un cabaretier de la rue Jonas, dont j'ai soigné la fille, me demande d'aller voir son père dans un village de Seine-et-Oise, où j'ai eu déjà l'occasion de m'arrêter entre deux trains. Je me garde de refuser pareille aubaine. Le bistrot paie royalement; d'autre part, il y a, tout près de la station, une auberge sans gloire où j'ai déjeuné un matin du mois dernier. On y mange du ris de veau à la chicorée et des carpes *Hogras*, comme dit Victor Hugo, qui méritent la piété d'une longue halte. Vite une dépêche à l'hôtelier, et demain matin, à la première heure, en route pour le ris de veau!

J'emporte *A Rebours* et *Manette Salomon*.

Depuis longtemps je veux comparer quelques passages. Quelle a été au juste l'influence des Goncourt sur Huysmans? A présent que je suis exposé aux dangers d'une conversation avec lui, je crains toujours la gaffe. Dans les entretiens à bâtons rompus que nous avons ensemble, un mot de trop peut froisser l'homme qui, alors qu'il m'avait vu deux fois, m'a envoyé Georges Montorgueil et qui m'a tiré du mauvais pas dû à mon inexpérience et à ma sottise.

Il n'y a presque personne dans le train : j'ai un compartiment pour moi seul. Une brume automnale couvre la banlieue d'un voile gris, que traversent seules de hautes cheminées noires. Mais je ne suis pas là pour regarder le paysage.

Je sais que Huysmans, lors de ses premiers livres, fréquenta tous les écrivains véritables de l'époque, quitte à les juger avec une ardente sévérité. C'est ainsi qu'il vint d'abord assidûment aux après-midi du grenier d'Auteuil. Il s'en lassa d'ailleurs assez vite, et le premier il cessa de venir régulièrement chaque dimanche applaudir les moindres paroles de l'exigeant Goncourt.

D'ailleurs, un jour qu'Huysmans n'était pas là, quelqu'un se laissa aller à dire qu'il admirait fort l'érotique hallucination de Gilles de Rais dans la forêt de Tiffauges. Edmond de Goncourt répliqua vertement qu'en effet c'était une très belle page, car c'était le simple plagiat des hallucinations de Germinie Lacerteux dans sa cuisine. Cela jeta tout de même un froid, dit Coquiot qui raconte cette histoire. Et Huysmans, qui n'aimait guère qu'on l'accusât de plagiat, ne pardonna pas au vieux, comme il disait en parlant de Goncourt, que depuis il ne manqua pas « de faire monter à l'échelle ».

Je relis ces pages de *Manette Salomon* que j'ai citées aux premières feuilles de ce journal, et celles de *la Bièvre* qui décrivent, vingt ans après, les mêmes quartiers et les mêmes sites. Goncourt nous montre une région mal limitée, assez imprécise pour qu'il nous soit impossible de nous repérer. Avec Huysmans, nous posons nos pieds sur le pavé même, sur la marche même

où il a posé les siens. Nous nous appuyons sur
la barrière où il s'est appuyé, pour lire sur la
maison qui l'intéressa, le numéro qu'il y a lu.
Nous pouvons penser qu'il était là une minute
avant nous, qu'en arrivant un instant plus tôt,
nous l'aurions trouvé à la place où nous
sommes, et c'est nous que nous savourons en
lui. Il ne parle pas du temps qu'il faisait, ni de
la couleur du ciel quand il était là. Il n'a parlé
que de l'heure, qu'on peut toujours retrouver.
Nous pouvons toujours nous figurer qu'il faisait le même temps qu'aujourd'hui, que le ciel
avait la même couleur. Avec Goncourt « les
ciels de banlieue d'un jour aigu, les ciels pesant
sur les coteaux », font partie intégrante du
décor, et pour relire sur place, avec une sen-
sation de plénitude, une page de *Manette Salomon*, il faut la complicité des nuages et du
soleil. Avec Huysmans, il ne faut que soi-
même. C'est en dedans que le miracle s'opère.
Telles ces musiques militaires qui versent
quelque héroïsme au cœur des citadins; tels
ces orchestres de paquebots qui, avec la lan-
gueur de leurs valses lentes, donnent aux pires

forbans, pour quelques minutes, des âmes pué-
riles de sentimentaux et de rêveurs.

Telles ces pages de *la Bièvre*, lues en s'appuyant aux barreaux de fer de l'ancien marché
aux chevaux de Poissy, qui maintenant bordent, ruelle des Gobelins, la mélancolique rivière. Que ce soit dans « l'allégresse des aubes
ou la mélancolie des soirs », que Jupiter pleuve
ou rayonne, que les firmaments pourrissent ou
que l'astre infâme rage dans l'ignominie d'un
ciel bleu, le paysage n'évoque en nous que nous-
mêmes et c'est nous la rosse que nous chevau-
chons à cru, dans cette steppe.

Avec Goncourt il me semble errer, épars et
comme évaporé, dans un décor superbe et mal
défini.

Avec Huysmans, me voilà, presque à mon
insu, dans une salle des Sept Châteaux de l'âme,
qui ressemble assez à une cellule. Je m'y tasse,
m'y replie et m'y ramasse sur moi-même, en
face de ce site qui m'emplit et m'accapare.
Ma pensée ne peut plus s'en distraire. Elle ne
peut flotter, ni laisser s'évader rien de sa propre
force. Et elle en acquiert une intensité qui la

force à se repaître d'elle-même, comme le catoblepas.

Mais voilà que je recommence à dire des âneries, comme si cela pouvait intéresser quelqu'un, ce que je pense de l'influence des Goncourt sur Huysmans! Et oser le dire en pareil style. De cela d'ailleurs je me fiche royalement. Je ne ferai pas voir ces pages à Huysmans. Il me dirait que j'écris comme un cochon malade. Il aurait raison.

Tâchons d'être un peu sérieux. Voici un passage de Goncourt :

« Devant les vitrines de minéralogie, essayant de ravir et d'emporter les feux multicolores de ces cristallisations d'éclairs, il s'arrêtait à ces bleus d'azurite, d'un bleu d'émail chinois, à ces bleus défaillants de cuivres oxydés, au bleu céleste de la lazulithe, allant du bleu de roi au bleu de l'eau. Il suivait toute la gamme du rouge, des mercures sulfurés, carmins et saignants, jusqu'au rouge noir de l'hématite, et rêvait à l'amatite, la couleur perdue du XVIe siècle, la couleur cardinale, la vraie pourpre de Rome. Il suivait les ors et les verts queue de paon des poudingues diluviens, les verts de velours, les verts changeants et bleuissants des cuivres arséniatés, le vert de lézard du feldspath, l'infinie variété des jaunes, du jaune serin au jaune niellé des orpiments cristallisés et des fluorines, les couleurs embrasées des cuivres pyriteux, les couleurs de pierres roses ou violettes qui font penser à des fleurs de cristal. Il allait à toutes les irisations, aux opalisations d'arc-en-ciel, miroitantes sur le verre antique, sorti de terre comme du ciel enterré. Il se mettait dans les yeux, l'azur du saphir, le sang du rubis, l'orient de la perle, l'eau du diamant. »

*
* *

Il paraît à bien des gens, et qui pensent, que Huysmans s'est inspiré du morceau précédent pour écrire les célèbres pages de la tortue. Il aurait substitué aux gemmes goncourtiennes les chrysobéryls vert asperge, les péridots vert poireau, les olivines vert olive, l'ouvarowite d'un rouge violacé, l'œil-de-chat d'un gris verdâtre, la cymophane avec ses moires azurées, et la saphirine qui s'allume des feux bleuâtres du phosphore.

Tout bien considéré, le couplet de Goncourt est tellement inexact que, semble-t-il, on doit, à la lecture, s'en apercevoir. Mais celui de Huysmans l'est autant. L'olivite, et non pas l'olivine, n'est pas vert olive ; la lueur du phosphore est d'un blanc jaunâtre, le cuivre oxydé est noir, l'hématite, les poudingues et les feldspaths sont d'un ton terreux de poussière, le verre antique, mal irisé est lactescent et grisâtre, le péridot, la cymophane et le chrysobéryl ressemblent à des silex ou à des cailloux roulés. Mais à travers les noms coruscants des gemmes, le lecteur croit voir fulgurer leurs clartés. Si celles-ci sont ternes, ceux-là brillent de tout leur éclat. C'est de l'auto-suggestion toute pure : après tout, c'est pour la provoquer que l'on écrit des livres. Les deux morceaux sont des trompe-l'œil ; à les regarder de près, il n'en reste pas grand'chose, mais ils sont tout de même, comme dit l'autre, un peu là.

Et puis connaissez-vous beaucoup de gens

qui aient vu des orpiments cristallisés, des cuivres arséniatés et des fluorines, des ouvarowites et des cymophanes? Questionnez un peu autour de vous. Avec les mots peu connus des manuels de minéralogie, il est assez aisé de construire des phrases sonores, de suggérer la vision de grottes pavées de pierres précieuses, éclairées de leur propre lueur. Mais de là à la réalité, il y a loin. D'ailleurs, chez les minéraux comme chez les hommes, il en est qui n'ont point de chance.

L'arséniate de cuivre des Goncourt avait déjà servi à Théophile Gautier dans la préface des *Fleurs du Mal*. Il y parle de mots puant l'arséniate de cuivre. Mais cet utile produit, tinctorial et désinfectant, n'a pas la moindre odeur. Certes tout cela est dit par figures, mais il y a bien assez de choses vraiment puantes pour en savoir élire, dans le nombre, une.

Voyons, il faudra que j'amène Huysmans à parler de ces choses-là. Naturellement, pas la moindre allusion à la tortue et à son bouclier de gemmes. Je vais mettre à la poste un mot pour Villard, le garçon du service de minéralogie à la Sorbonne. Il m'est tout dévoué : j'ai soigné un des siens blessé dans son travail. Il me tiendra prête une sébile de cailloux.

Voici la gare; voici l'auberge. A l'hôtelier, déjà nanti de ma dépêche d'hier, je recommande mon déjeuner pour onze heures, et je pars, dans un tapecul qui tangue, pour aller voir le père du mannezingue de la rue Jonas.

J'en reviens gelé par une longue course sur des routes nues que le vent cingle. Mais ma table est mise auprès du feu. L'aubergiste s'était figuré que j'amenais, à la Catulle, quelque *teneram dominam* avec moi. Aussi a-t-il adjoint au menu un poulet sauté au beurre avec des fonds d'artichauts et une grosse truffe coupée en tranches minces. Il a tiré de son caveau du cidre, à la fois doux et crâne, qui part comme un geyser et sent comme ces reinettes ridées, que, sur leurs étagères, conservent les aïeules. Il a mis sur la nappe à plis raides du beurre demi-sel dans l'eau froide d'un saladier, et dans une assiette à fleurs, du brie qui se vautre, ô Rollinat, comme un homme saoul sur de la paille.

Que n'est-il ici, le Maître! Certes, le réjoui-raient ces mets simples, préparés sur du char-bon de vignes par un tavernier retors qui, nourri dans la cuisine, en connaît les détours. Mais, en l'absence de Huysmans, c'est lui rendre mon hommage, que de faire à ce déjeuner l'ac-cueil qu'il mérite.

Deux heures : le train pour Paris va venir. Dans un sac de toile grossière, j'ai fait mettre cinquante escargots recueillis depuis une se-maine dans les vignes; deux perdreaux tués ce matin même, quelques cèpes énormes, et les derniers artichauts de la saison. J'ai écrit à Huysmans en attendant le train, pour lui conter mon excursion et le prier de bien vou-loir demain venir apprécier à ma gargote ce que j'ai rapporté. Et, rentré à Paris, je mets à la poste ma lettre, avec celle de Villard, juste à l'heure pour qu'elle arrive à temps.

*
* *

Dans l'arène des mangeailles, dit Huys-mans, je lui suis un entraîneur de qualité. Mes

DANS LE JARDIN DES GOBELINS (p. 135).

inapaisables fringales le réjouissent. Ce matin,
quand il passe sa tête inquiète dans l'ouver-
ture de la porte, il a un léger sourire.
Ce n'est pas le jour de débiter ce qu'il
appelle des « horreurs préprandiales ». Je
lui raconte seulement que j'ai trouvé, dans
un trou perdu de campagne, des choses précieuses et simples que l'on nous apprête avec
soin.

Il goûte avec plaisir un hors-d'œuvre de ma
façon que mon hôtelier, piqué au jeu, a fait
soigner à la cuisine. Mais il goûte autant, il me
semble, les instructions précises que j'ai don-
nées au chef et que je lui fais répéter. Mon
homme sait mot à mot la recette. Il a mis dans
le fond d'une assiette une épaisse tranche de
foie gras et l'a recouverte d'un large champi-
gnon, cuit lentement dans l'huile d'olive avec
des aromates et soigneusement égoutté. Sur
cette double litière, il a versé une abondante
mayonnaise, et après une heure de glacière, a
couronné le bloc d'un triomphal petit cœur
de laitue arrosé de jus de citron. Cela s'accom-
pagne, grâce à une visite au sommelier, d'une

« bière magnifique, couleur d'acajou, huileuse
et douce ».

Huysmans mange une demi-douzaine d'escargots, qu'on a fait cuire sur le gril, après y
avoir introduit du beurre frais et des champignons hachés. Il les déclare excellents, mais
c'est un plat dont il n'est pas coutumier. Il
craindrait, en en prenant davantage, de se
couper l'appétit, et me laisse le soin de faire
disparaître les quarante-quatre autres. Puis
il se sert une moitié de perdreau et déclare que,
sauf un peu de dessert, il ne mangera plus rien.
Je suis contraint de me servir presque tout le
saladier de fonds d'artichauts relevés d'une
« impérieuse » vinaigrette, que j'avais espéré
devoir lui plaire. Mais il me voit boire, avec
cette salade, de fréquentes lampées d'eau
claire, et m'en demande la raison.

« C'est que, lui dis-je, l'eau pure bue après
l'artichaut prend une saveur exquise que ne
possède aucune autre boisson; il y a tout un
travail à faire sur les saveurs provoquées par
l'absorption préalable de certains aliments. Le
profanum vulgus n'en connaît qu'une, celle

que donnent au vin certains fromages. En revanche, bien peu de gens savent que pour savourer pleinement une poire, il faut manger, avant chaque morceau de fruit, un petit fragment de pastille de menthe anglaise. »

Huysmans demanda un verre propre, l'emplit d'eau et se servit un morceau de fond d'artichaut qu'il parut manger avec plaisir. Il but ensuite une gorgée d'eau, parut réfléchir, puis en but un demi-verre.

« Il y a bien quelque chose, dit-il, et il est certain que l'eau acquiert un goût agréable. Mais le tabac endort les muqueuses, et je ne sens peut-être pas les saveurs avec autant d'intensité que vous, qui n'êtes pas fumeur.

— Vous allez mieux sentir cela tout à l'heure », dis-je, et je tirai de ma poche un étui de pastilles de peppermint que je posai devant son assiette.

Quand nous eûmes fini le fromage, je demandai des poires et engageai Huysmans à faire l'expérience. Il prépara méticuleusement un morceau du fruit, mangea un fragment de pastille et attaqua la poire. La stupéfaction se peignit une seconde sur sa figure. « Ah! par exemple, dit-il, par exemple! »

Mais il se remit vite, et finit la pastille et la poire.

« Il eût fallu connaître cela, s'écria-t-il, au temps des Héliogabale et des Néron, qui offraient des milliards de sesterces à qui inventerait un plaisir nouveau. Ah! être un prisonnier lettré que l'Autocrator va faire mettre aux fers, et lui apprendre, en belles phrases latines, en échange de la liberté, à centupler les sensations gustatives à l'aide de bols mystérieux, préparés dans des antres de sybilles! Lui promettre, quand l'Autocrator aurait fait l'expérience, des secrets analogues pour centupler aussi les sensations de la volupté. Et libéré de toute contrainte, devenu favori du prince étonné, marcher en maître vers un palais de marbre, tandis que des esclaves syriennes parsèmeraient de roses le sol mosaïqué d'or.

— Mais, dis-je, si le prince avait de l'insensibilité gustative, ou de la déviation du goût, de la paragheusie, il enverrait aux murènes le prisonnier lettré. Sans compter qu'il y a des gens qui ne peuvent supporter la menthe, et d'autres, qui, pour tout au monde, ne goûteraient pas à une poire. Des goûts et des couleurs on ne discute pas. Surtout des couleurs, car ceux qui ont vu des couleurs vraies sont très rares.

— Comment cela, dit Huysmans, vous croyez que tout le monde n'a pas vu du bleu, du vert et du rouge? Et le ciel, les feuilles, et les pantalons des fantassins?

— Oui, certes, je le crois, dis-je. Voir des couleurs vraies, pures, est un avantage réservé à Paris à deux cents personnes, sur deux millions d'habitants. Cela fait un sur cent mille.

— J'aimerais bien, dit Huysmans, vous entendre m'expliquer cela, qui me paraît invraisemblable.

— Vous savez bien — une enquête récente l'a établi — qu'à Paris la majeure partie des écoliers, dans Clignancourt, Montmartre, Ménilmontant, n'a jamais vu la Seine, le Luxembourg, les Invalides. Sur deux millions de Parisiens, un million neuf cent mille ne connaissent pas le Louvre, ou le prennent pour un magasin. Si, sur les deux millions, il n'y en a

que deux cents qui aient vu de vraies couleurs,
c'est que ces deux cents forment un groupe de
garçons de laboratoire, de préparateurs, de professeurs et d'étudiants. Ces gens-là relèvent de
la Faculté des sciences et des grandes Ecoles,
où l'on n'entre guère si l'on n'appartient pas
à leur personnel. De sorte que les vraies couleurs, qu'on ne peut voir que là, c'est toujours
aux mêmes yeux qu'elles se montrent.

— Mais enfin, la rose, le volubilis, le bouton
d'or et la sauge?...

— Ce sont des tons frelatés et terreux, même
au moment de leur plus grand éclat. Si vous
n'avez pas vu la teinte du cuivre déposé par
électrolyse, au moment où on le sort du bain,
vous ignorez ce qu'est le rose. Le rouge d'un
bâton de cuivre qu'on vient de briser par flexion,
croyez bien qu'il n'y a pas de rouge qui tienne
à côté. Le bleu de la flamme d'un bec Paquelin,
alimenté au gaz d'essence, est bleu. Il n'y a pas
d'autre bleu. L'alliage d'aluminium et d'or est
violet. A côté de lui, il y a des violâtres, comme
il y a des bleuâtres dans les ciels et les mers
du midi, du verdâtre dans les feuilles, et du

blanchâtre dans la neige immaculée. Enfin, il y a des couleurs vraies dans les gaz raréfiés, dans les réseaux, les lames minces et dans celles que donne, à travers les cristaux asymétriques, la lumière polarisée. Du reste, si cela vous intéresse, à quatre pas d'ici je vous le ferai voir. Montez avec moi le boulevard Saint-Michel, entrons au laboratoire de Lippmann, vous verrez tout cela et de plus la photographie des couleurs, dont la découverte date tout au plus d'une quinzaine.

— J'en serai enchanté, dit Huysmans, et aussi de voir un laboratoire, où je me demande toujours ce qu'on peut bien faire. Dans l'esprit de quelqu'un qui n'est pas du métier, les mots physique, physicien, professeur de physique, ne correspondent pas à des conceptions bien nettes. »

Nous sortîmes du restaurant et, passant devant la fontaine Saint-Michel, nous remontâmes lentement le boulevard. Devant l'armurier Flobert, Huysmans s'arrêta pour allumer une cigarette.

« Alors, dit-il en reprenant sa marche, à côté

de trente-six millions de Français qui n'ont jamais vu une couleur franche, il y a dans tout le pays quelques centaines d'individus à qui ce privilège est réservé, et qui de ce fait constituent une espèce d'élite de la vision. Encore prétendez-vous que tous ces gens-là n'y font pas grande attention, et ne s'imaginent guère être les seuls à voir ce que n'ont jamais vu les autres.

— Mais oui, et ce phénomène n'est point unique. Notre civilisation actuelle dépend de trois possibilités mécaniques : obtenir une surface cylindrique à directrice circulaire, droite, ou réglée. Il faut pour cela trois outils, le tour parallèle, l'étau limeur et la fraiseuse. Supprimez-les, supprimez seulement le premier, en quelques semaines le monde reviendra à ce qu'il était au temps de Clovis, et ne tardera pas à mourir de misère.

— Hum! grommela Huysmans, cette époque avait sa valeur.

— Certes, mais nous aurions de la peine à nous passer de chemins de fer, de postes, de montres, de papier, de blé, de linge, de livres et de verreries. Eh bien, ces trois machines sans lesquelles tout ce qui nous entoure cesse d'exister, voyons, en dehors de ceux qui s'en servent, combien y a-t-il de gens qui ont vu, je ne dis pas les trois, mais une seule. Combien y a-t-il d'écoliers, de collégiens et de professeurs qui en connaissent, je ne dis pas même le rôle, mais l'existence? Y a-t-il un examinateur d'histoire qui ait jamais demandé à un candidat : « Où en serions-nous si le tour parallèle n'existait pas »? Et, s'il l'eût demandé, qu'aurait répondu l'autre, à qui on a caché comme une chose honteuse, jusqu'au nom de ces trois outils qui seuls nous permettent de vivre autrement que les indigènes de l'Afrique équatoriale?

— Je m'y perds, dit Huysmans, et j'aurais de la peine à vous suivre, si je ne savais que vous vivez dans ce monde impénétrable des laboratoires. Comment se fait-il que des choses aussi faciles à vérifier demeurent aussi inconnues? C'est sans doute pour la même raison qu'un cocu est toujours le dernier à savoir qu'il l'est et que souvent il ne l'apprend jamais. Comment se fait-il aussi que beaucoup de jeunes filles, à moins qu'elles ne soient du peuple, restent souvent jusqu'à leur mariage sans savoir, du moins exactement, en quoi consistent les réalités conjugales? Dans un autre ordre d'idées, nous savons bien que dans un Etat, ancien ou moderne, la prostitution est à la base de tout, et que tout croulerait sans elle. Dites cette vérité que nul ne conteste, devant une femme du monde, ou même devant une bourgeoise bien élevée, ne serait-elle pas éberluée et quelque peu incrédule en entendant de telles opinions sur ce qu'elle appelle « le monde dont on ne parle pas ».

— C'est bien certain, dis-je, et la société repose sur deux pieds, la prostitution et le tour parallèle. Pourtant, l'axiome traduit d'Aristote *Omnia tribus constituta sunt ?*...

— Mais le troisième pied de la marmite existe, s'écria Huysmans, et s'appelle la terreur. Si elle n'avait pas existé, qui eût pris la peine de bâtir, de créer des refuges, citadelles, temples ou palais, et de fonder des philosophies pour calmer ou faire oublier la crainte de la mort, et par suite enfanter tous les arts et toutes les beautés? S'il n'y avait pas la frousse, admirable et féconde, que resterait-il sur la terre du peu de vertu qui a jamais pu s'y trouver? *Timor Domini principium sapientiae*, sans compter celle du prochain et des sergots. »

Nous traversions à ce moment le boulevard devant le café d'Harcourt. Huysmans refit une cigarette, et, après avoir coupé la petite place, nous entrâmes dans la vieille cour sorbonnienne divisée en son milieu par une ou deux marches irrégulières et suivant la pente du sol.

Nous voici dans le laboratoire de Lippmann, sorte de grande galerie éclairée par le haut avec une foule de coins et recoins obscurs. Des étudiants silencieux travaillent. Alphonse Berget, alors chef de laboratoire, aujourd'hui professeur à l'Institut océanographique, fait une mesure avec l'électromètre qu'il vient d'inventer. Je lui demande, pour la forme, l'autorisation de montrer le laboratoire à un ami. Mais il n'y a point de présentation. Huysmans m'avait bien recommandé de ne dire son nom à personne.

J'appelai un garçon de laboratoire et le priai

de passer deux morceaux de cuivre à l'acide
azotique et de les mettre dans un bain de sulfate avec deux éléments Daniell en série. Pendant que cette opération suivait son cours, je
montai trois tubes à gaz raréfiés sur un petit
transformateur dans un coin sombre où, après
avoir lancé le courant, je menai Huysmans.

Comme je l'espérais bien, la surprise la plus
vive se peignit sur son visage. Sur les tubes, où
fulguraient le bleu, le vert et le rose, il se pencha
et regarda longtemps. Puis : « Est-ce qu'on
pourrait éclairer les appartements comme cela
en faisant varier les couleurs ? »

Je lui donnai les explications qu'il désirait, et
le conduisis ensuite en plein jour pour voir la
lame de cuivre électrolytique. Je la sortis du
bain, la rinçai sous le robinet et la lui tendis
pour qu'il la regardât à l'aise. Il ne dit rien
d'abord, puis il la retourna sous toutes ses
faces, et je l'entendis murmurer, presque tout
bas : « Quelle splendeur! »

Après lui avoir montré la flamme bleue d'un
brûleur Paquelin, je le conduisis dans le laboratoire particulier du professeur Lippmann,

où je savais trouver une photographie des couleurs obtenue par la méthode interférencielle.
Il y avait à peine quelques semaines que Lippmann, renonçant aux méthodes chimiques,
avait appliqué les procédés de la physique pure
à ce problème de la photographie des couleurs,
depuis si longtemps poursuivi, et l'avait ré-
solu en quelques jours.

La photographie représentait un coin du
jardin du Luxembourg. Au premier plan, un
massif de sauges et de chrysanthèmes éclatait
au milieu des feuilles bronzées par l'automne.
Huysmans examina longtemps le cliché, parut
surpris, et me dit en le reposant sur la
table :

« Pourrait-on reproduire, avec ce procédé,
et dans toute leur exactitude, les couleurs d'un
tableau ?

— Certainement, et en voici un exemple. »
Ce disant, je lui tendis, avec une aquarelle d'un
artiste bien connu, la photographie que Lippmann en avait faite. C'était un magnifique
perroquet vert, perché sur une table où des citrons, des oranges, une pastèque et des bou-

teilles se groupaient en un savant désordre. Cette fois, il fut plus loquace.

« C'est la fin de la photographie ordinaire, dit-il. Personne ne voudra plus de ces épreuves, d'un chocolat pisseux ou d'un gris de cendre, que les photographes ont l'insolence d'exhiber dans la rue sous des vitrines. Nous serons débarrassés de ce spectacle infâme, car tous vont adopter le procédé nouveau. »

Huysmans n'a pas été bon prophète. Personne ne fait de photographie des couleurs, et je n'ai jamais rencontré personne qui en eût vu. Quelques amateurs font de la photographie en couleurs avec des plaques autochromes à la fécule colorée, mais ces images ternes et monotones se voient seulement par transparence et n'ont rien de la beauté des couleurs réelles. Cette grande découverte, célébrée à son époque comme devant bouleverser les arts, est complètement oubliée. Il est impossible de s'en procurer un spécimen, à moins de le faire soi-même.

Huysmans examinait encore les clichés, quand on vint me prévenir qu'on me demandait à la minéralogie, et je l'y conduisis par un de

ces escaliers obscurs et sales comme on n'en
rencontre que dans les locaux de l'Etat. Villard avait disposé sur un velours noir les
groupes de minéraux indiqués dans ma lettre :
les verts, les jaunes, les rouges et les gris. Je
montrai à Huysmans, attentif, le zircon, l'am-
phibole et la dioptase, la tourmaline, l'oligoclase
et l'obsidienne, aux verts opaques ou translu-
cides; les jaunes de la chalcopyrite, de la dias-
pore et du corindon; les gris soyeux de l'acerdèse, du clinochlore et du psilomélane, les reflets
métalliques de la silvanite et du tinkal, et dans
les rouges, le réalgar, l'orthose, l'argyrythrose,
l'absolane et le mispickel.

Mais Huysmans restait sans enthousiasme.
Mon expérience ratait. J'avais choisi les pierres
aux noms les plus sonores, et j'avais demandé
à Villard de réunir les spécimens les plus beaux.
Le résultat n'en était pas moins navrant.
Chaque pierre avait des facettes d'une couleur
et d'une pureté splendides, mais que l'ensemble
était grisâtre et décoloré! Et devant cette
boîte où gisait, lamentable, une fortune, Huysmans me regardait d'un air découragé. Il ré-

péta : « Acerdèse, psilomélane, mispickel et tinkal... »

Je le sentais agi par des sonorités inconnues et pas du tout par l'éclat des pierres aux noms sonores. Je songeais à Flaubert s'écriant : « Taprobane! quel joli mot ». En somme, rien de ce que j'avais montré à Huysmans ne l'avait beaucoup surpris, et toutes ces choses, bien que nouvelles et inattendues, n'avaient pour lui qu'un intérêt médiocre. Je compris alors brusquement. La réalité comptait assez peu pour lui. Un rouge, un vert, un bleu, n'étaient pas à ses yeux ce qu'ils sont, mais bien ce que les faisaient les mots avec lesquels il savait les rendre. C'étaient des couleurs pour l'oreille, des teintes qu'on voit les yeux fermés. Avec des syllabes, il créait des gemmes miraculeuses, qui n'avaient pas de modèles et qu'on écoutait briller.

Nous sortîmes de la Sorbonne. Huysmans réfléchissait, muet. J'attendais qu'il me parlât, et nous arrivâmes, sans avoir échangé une parole, au coin de la rue Soufflot.

Là, il éclata : « C'est tout de même guigno-

CETTE FOLIE QUI GARDE ENCORE SI GRAND AIR DANS SA RUINE (p. 136).

lant, qu'on ne sache rien, et qu'on ne puisse rien
fiche, quand tout est nouveau, inconnu, inexploré. Personne n'a jamais décrit un coin de
laboratoire, tandis que depuis l'atelier dans
Charles Demailly, tout le monde s'est inspiré
des Goncourt pour faire des crépuscules dans
des intérieurs. Quand on parle d'un étudiant,
il est toujours censé faire du droit ou de la médecine, et la noce dans les deux cas; il n'a jamais l'air bien occupé et paraît faire en se
jouant des choses faciles.

« Et ces jeunes gens que nous venons de voir
au travail sont au contraire absorbés toute la
journée par des études fatigantes pour le corps
et pleines d'aspérités pour l'esprit. Qu'est-ce
qu'ils étudient? Dans quel but? Qui décrira
ces existences, qui semblent singulièrement oc-
cupées, et dont personne ne parle? L'homme
de lettres, le peintre, le banquier, la fille, ont eu
leur Colomb qui les a découverts et leur Foë
qui les a dépeints. Mais celui qui étudie n'a pas
trouvé d'historien. Il y a là un monde inconnu
de sensations et de vie, où tout est neuf : il
faudrait que ce fût chanté par l'un de ces

hommes d'étude, qui sût voir et écrire. Mais s'il passait son temps à écrire le roman de l'homme de science, il n'en serait plus un lui-même et ne verrait plus les choses comme elles sont. C'est à perdre la tête!

— Il faut songer aussi, dis-je, que cela n'intéresse personne. S'il n'y a pas d'histoires de femmes, le livre n'aura pas un lecteur. Et il n'y a pas de femmes légères dans les laboratoires. Les jeunes filles qui les fréquentent préparent des examens pour gagner leur vie; elles ne sont point coquettes et n'ont ni le goût, ni le loisir, de flirter avec leurs condisciples. Du moment qu'à chaque page du livre, elles ne montreront pas au verso leur derrière, et au recto tout le reste, qui voulez-vous qui s'intéresse à elles?

— Mais, dit Huysmans, *Robinson Crusoé* a été, en librairie, un succès formidable, et il y a d'autres exemples. La vie d'un savant, racontée par lui-même, ou d'un travailleur manuel, s'il savait écrire, comme ce serait neuf et surprenant! Comme il n'y a rien de fait dans cette voie, on y serait seul à exploiter, plus qu'un filon, toute une mine.

— Quelques pages, dis-je, des mémoires de Thénard, où il raconte la découverte de l'eau oxygénée!...

— Bien, mais votre maître Lippmann, qui a, dites-vous, découvert une région nouvelle de l'électricité, les phénomènes électro-capillaires, n'a rien écrit de ses tourments, de ses découragements et des allégresses au cours de ses travaux. Et Pasteur? Et Claude Bernard, Et Ampère? Ils savaient écrire, ces deux-là, pourtant? Allons, il n'y a rien à faire, ni là, ni ailleurs. Il faut se résoudre, chacun de nous, à dévorer, à digérer notre propre carne, et à la vomir. Cela fait un livre. Puis on se ravale et on se redégueule. Mais ce que font et sentent les autres, nous pouvons nous taper! Tous, nous sommes le chien de l'Ecriture, *revertitur ad vomitum*.

IX

Cet excellent père Alifat est un homme précieux; sa clientèle dit de lui, avec justesse : c'est un mec qui a de l'estruction.

Alifat est un vieux juif qui s'appelle en réalité Eliphas. Il a fait tous les métiers. Il a été infirmier de paquebot, garçon de pharmacie; il a été garçon de laboratoire en province, dans les facultés, et a travaillé dans les bicyclettes, la serrurerie et l'étamage. Il habite, rue Luillier, un logement qu'entretient une vieille du quartier : la mère Lévy. Il la paie misérablement, car il la tient par quelque secret qu'elle ne doit pas désirer être connu de la police. Dès le jour paru, Alifat descend de Vaugirard vers la rue de la Fontaine-à-Mulard, où il a son atelier de rétamage.

Car, officiellement, Alifat est rétameur. Il a toujours du métal en fusion dans une marmite, sur un réchaud plein de braise. Des poêlons et des casseroles, la queue en l'air, sèchent dans de la sciure de bois. Dans l'espèce de cave où Alifat opère, des boîtes de résine à cassures conchoïdales, des bouteilles d'esprit de sel, des pots égueulés, de vieilles cuvettes de photographie sont bien rangées sur des étagères. Un étau rouillé, quelques outils de plombier, de la ferraille complètent le décor. Un gamin hideux tire le soufflet, surveille l'étain fondu et va reporter les casseroles.

En réalité, le père Alifat est riche. Sa chambre de la rue Luillier ouvre dans une autre pièce où nul que lui ne pénètre. Du moins, il le croit. Une lourde table y supporte des étaux brillants, une petite enclume, une meule en corindon. Des boîtes de chêne contiennent tous les outils du mécanicien de précision. Un tour de chez Strube reluit dans un coin et des armoires vitrées regorgent de choses étranges.

Quand vous allez chez le père Alifat, à moins
qu'il ne rétame ses « casteroles », il casse des
silex sur un bloc de fer qu'il tient entre ses genoux comme les cordonniers. Devant lui, une
boîte contient des petits morceaux d'acier, tous
semblables, et les déchets des pierres à feu qu'il
martèle emplissent une vieille cuvette en fer
désémaillé. Une gerbe de mèches à briquet, à
demi sorties d'un étui de carton, semble un paquet de gros macaronis orange, et fait une
tache de lumière dans la crasse noire du taudis.
Inlassablement, Alifat casse ses silex.

« Vous voulez un briquet, mon bon mesieur?
C'est un linvé les trois pièces, meilleur marché
qu'au tabac, où vous le payez larantequé! »

Le père Alifat est en retard. Il ne dévide pas
couramment le jars. Il ne sait pas rouscailler
bigorne. Quand je lui parle l'argot moderne,
ou le largongi des louchersbem, qui date déjà
un peu, ou la langue si verte et si charnue du
temps de Mandrin et de Cartouche, souvent
il « n'entrave que pouic ». Mais il sait très bien
le français, l'allemand et le yiddisch. Son mauvais argot est pure grimace ou moyen de dé-

fense. Il mène, en effet, une existence dange-
reuse. Il fabrique dans son studio de la rue
Luillier des clefs de précision qui ouvrent les
serrures les plus récalcitrantes. Il fournit des
pinces monseigneur, démontables en quatre
morceaux, qu'on se ficelle sur les cuisses sous le
pantalon et qui, remontées, font un levier de
deux mètres, dont le bout tranchant coupe la
tôle des meilleurs coffres-forts. Il a des forets
diamantés que nul acier n'émousse. Il fournit de
la morphine aux clients que son garçon rencontre dans les urinoirs de la rue Campagne-
Première et de la place Pinel, et a des clientes
auxquelles sert d'intermédiaire une tenancière
de W. C. du boulevard Saint-Michel.

Mais il tire le meilleur de ses ressources d'une
industrie bien personnelle, qu'il doit avoir em-
pruntée, dans ses voyages, à quelque peuplade
tropicale. Son commerce de briquets sert de
masque à la taille de lentilles de silex, qu'il
conserve dans une cuvette avec du fumier et
de la terre des rues. Il taille aussi, dans des
vitres cassées, des ronds de verre, grands comme
une pièce d'un franc, et dont les bords amincis

sont tranchants comme des rasoirs. Avec un bout d'élastique, un vieux morceau de gant et une petite fourche de bois, on lance aisément à huit ou dix mètres les lentilles coupantes du père Alifat. Il donne d'ailleurs des leçons sur le talus de la rue Brillat-Savarin, ou le long du mur de la rue Charbonnel. Et si on reçoit un silex bien tranchant et bien sale sur la main ou la figure, on est à l'hôpital une semaine après avec le tétanos. Les disques de verre sont plus chers parce qu'ils sont enduits de curare, le poison des flèches de l'Amazone et du Niger. Le père Alifat est, en effet, « un mec qu'a de l'instruction ». La preuve : il vous vendra des savons au curare, qui ressemblent tout à fait à des savons ordinaires, mais qui contiennent un peu de verre pilé, juste de quoi érailler la peau. Celui qui s'en lave les mains peut compter sur une demiheure de vie à peine. Il a du verre écrasé finement, imbibé de curare, qu'on peut mettre dans les gants, en profitant de l'inattention de l'intéressé, ou bien qu'on fait mettre au vestiaire, avec un louis de complicité. Mais ces articles sont pour les gens distingués et coûtent cher.

Comment a-t-il pu se procurer cette redoutable substance, rare, chère, et que l'on conserve sous quadruples verrous? Il l'a volée dans les laboratoires de physiologie, en province, où il a balayé tant d'amphithéâtres et de salles de chimie. On ne s'en est pas aperçu : soit qu'il ait mis à la place quelque gomme noirâtre, soit qu'on n'ait pas fait dans les cours l'unique expérience à laquelle ce poison peut servir. Expérience inutile et barbare, la distinction des nerfs moteurs et sensitifs, avec tout son attirail de contention et de respiration artificielle.

Huysmans, bien que ses fonctions aux bureaux de la rue des Saussaies — Police de sûreté — le mettent en rapport avec la pègre, n'est pas curieux du monde qu'il surveille. Je ne sais pas exactement quelles fonctions il remplit; c'est par hasard que j'ai su qu'il était chargé de décacheter la correspondance du général Boulanger, et que les lettres de ce pauvre bougre à la comtesse de Bonnemain le réjouissaient fort.

Quand je lui ai parlé du père Alifat, il a pris l'air distrait que je lui connais bien et qui si-

gnifie : on ne me la fait pas. Mais quelques semaines après, un père de famille qu'il connaît
et secourt discrètement a reçu un caillou in-
fecté sur le dos de la main. Le brave homme a
failli mourir, et reste infirme. Huysmans m'a
parlé du père Alifat. Je lui ai proposé crûment
une visite à ce spécialiste et il a accepté. Me
voilà embarqué dans une expédition pas ordinaire. Nous ne risquons pas grand'chose. Mais
Huysmans n'est pas précisément d'humeur
aventureuse. Il n'a pas cultivé ses muscles, il
ignore le bel art d'écraser d'un coup de talon
les orteils d'un bonhomme, en lui plantant dans
les yeux deux doigts en fourchette, et de filer
en douceur pendant qu'il gueule et se tortille.
De ce côté-là il n'y a rien à faire de lui.

**

Le directeur de l'Ecole Sainte-Barbe, Luchaire, était professeur de Faculté en province
quand je passai mon bachot; je l'eus comme
examinateur. Nous eûmes une discussion mémorable au sujet des *Précieuses ridicules*. J'exé-

crais déjà Molière à tel point que je me mis
en fureur, déclarai la pièce antifrançaise, et
bonne tout au plus à exciter des borborygmes
dans l'intestin de bourgeois trop repus. L'excellent Luchaire, d'abord interloqué, puis voyant
à qui il avait affaire, me retourna sur le gril jusqu'au bout, puis déclara, à la stupeur de l'as-
sistance, qu'il « donnerait le maximum à ce
jeune coq qui aimait assez la langue française
pour s'emporter sur une question d'examen ».

A mon arrivée à Paris, où miches, quignons
et tartines étaient durs à gagner, j'avais appris
que ce brave homme était directeur de Sainte-
Barbe, et j'avais été carrément lui demander
son appui. Je lui avais rappelé mon examen; il
avait ri de tout son cœur à ce souvenir, et
grâce à lui j'avais chaque jeudi et chaque dimanche une répétition de sept à neuf heures qui
me venait fort en aide.

Ce fut un dimanche d'avril, à neuf heures
tapant, que Huysmans vint me prendre à la
porte de Sainte-Barbe qui donnait rue Valette.
Il faisait un peu frais, Huysmans avait un
pardessus d'un bleu presque noir et un chapeau

de feutre mou. C'était la première fois que je
le voyais dans cette tenue. Je portais un appareil de photographie dont les images forment
l'illustration de ce livre.

J'avais prévenu Le Fournis, un cocher de ma
connaissance, de se trouver à ma disposition
en face de la porte. Dès que j'eus salué Huysmans, je me dirigeai vers le fiacre et le priai d'y
monter. Le Fournis avait l'itinéraire en poche
et partit sans un mot.

« Nous allons suivre, dis-je, une partie de la
vallée de la Bièvre qui depuis trois ans a pas-
sablement changé. On est en train de l'ense-
velir sous des voûtes de telle façon que dans
dix ans elle ne sera plus visible nulle part.

— Certes, dit Huysmans, il y a là un bien
curieux phénomène. Paris est la seule ville qui
ait bâti un toit sur une rivière et transformé sa
vallée en tunnel. J'ai vu les plans à l'Hôtel de
Ville. Ce sera un pont qui dans le sens de la largeur sera assez surprenant. Il n'aura que quelques mètres de long, mais plus de onze kilomètres de large. Des maisons, des rues entières
seront bâties au-dessus de la rivière. Bientôt

pas un Parisien ne saura où elle passe, et pas un touriste n'en aura entendu parler. Six boulevards la traverseront en l'ignorant, et il n'y aura plus dans Paris, de la surface, aucun signe de son existence. Ce sera une chose unique au monde.

— Cependant, lui dis-je, en dehors de Paris elle ne diffère pas des autres rivières. Partie de Bièvres, le siège féodal de Jean de Rubempré, dont le nom servit à Balzac, elle n'arrose, dans les quarante kilomètres qu'elle parcourt avant Paris, que des villages charmants ; l'Haye-aux-Roses, Verrières-les-Buissons, Fontenay-aux-Roses n'évoquent que des jardins fleuris.

— Oui, dit Huysmans, mais à partir de là ! Quand Paris était un groupe de hameaux isolés autour des murs de la Cité, la Bièvre coulait à travers une vallée marécageuse jusqu'au delta à trois branches où elle se jetait dans la Seine. En ces temps où la guerre était continuelle, elle était d'importance stratégique, et constituait vers le sud, la première ligne de défense. Elle remplissait bien son office. Dans la grande insurrection des Gaules contre César, elle arrêta l'avance des légions romaines, et il fallut trois jours à l'armée de Labienus pour se dévaser de ses marécages. Enfin les légions romaines trouvèrent un gué qui leur permit de battre en retraite. Et quand Henri IV assiégeait sa propre capitale, les marais de la Bièvre tinrent ferme contre ses régiments. Pour ne pas être prises dans une inondation, les troupes royales durent chercher un autre point d'attaque.

« Rabelais a parlé d'elle, comme il le fait pour tout ce qui a quelque importance à son époque. C'est la mule de Gargantua, dit-il, qui fit naître la Bièvre en pissant à Verrières. C'est au bord de la Bièvre que le roi Charles VI reçut le choc qui le mena définitivement à la folie. C'était dans la maison de la reine Blanche, vers le coin du boulevard Saint-Marcel. Je ne sais quel seigneur y donnait une fête pour la Noël de 1393. Charles VI y vint avec une bande de courtisans déguisés en satyres, couverts d'étoupe et portant des cornes dorées. Au milieu du bal, une torche tomba — ou fut jetée — sur le roi, qui en un instant fut entouré de flammes. Sous son déguisement, personne ne l'avait re-

connu. Quelqu'un se mit tout à coup à crier :
« C'est le roi. » Une duchesse jeta sur lui sa pe-
lisse, de nobles mains l'arrosèrent d'eau de la
Bièvre. Il fut sauvé, mais un mois après, la
maison où le roi avait été en danger fut dé-
truite, en grande pompe, comme complice d'un
attentat à sa vie. On ne dit pas ce qu'il advint
du propriétaire. On oublia de récompenser la
Bièvre, dont les eaux avaient sauvé le roi.

— Cela n'a pas dû la tracasser beaucoup,
dis-je, car la Bièvre est une rivière qui a l'air de
se ficher un peu des honneurs. Elle tient si
peu à se faire remarquer qu'elle coule à plus
d'un kilomètre de la rue qui porte son nom.
Si on se promène dans ce délicieux quartier
des pentes de la colline Sainte-Geneviève, on
trouve une humble rue étroite qui va du boulevard Saint-Germain à la Seine, et que bordent
de vieux hôtels avec de hauts portails. C'est la
rue de Bièvre, où la Bièvre n'a que faire.

— Elle y a passé, dit Huysmans, mais pas
toujours. C'est toute une histoire à raconter, si
l'on veut expliquer le nom de cette rue. A l'endroit où elle se trouve, et de là pendant une

demi-lieue au long de la Seine, les moines de
Saint-Victor vivaient derrière leur clôture,
riches, célèbres et puissants. Les rois se plai-
saient à venir dîner dans leur réfectoire. Leurs
jardins étaient immenses, mais ils manquaient
d'eau. L'arrosage prenait aux frères convers un
temps qui eût été mieux employé en prières.
Et la Bièvre fut détournée, pour eux, de son
cours, et guidée à travers les jardins des Au-
gustins qu'elle irrigua pendant deux siècles.

« Elle s'y divisait en mille petits canaux
d'arrosage, puis, à la sortie des jardins du couvent, se reformait en un seul bras, et se jetait
dans la Seine, en face de Notre-Dame, où finit
la rue de Bièvre, qu'elle longeait d'un bout à
l'autre.

— Je commence, fis-je, à comprendre.

— Or, reprit Huysmans, au xive siècle,
Charles V le Sage bâtit une enceinte autour
de Paris. L'embouchure de la Bièvre pouvait
constituer, pour une bande d'hommes résolus,
une entrée. Les murs avaient beau être forts,
la sortie de la Bièvre, à l'endroit où les moines
l'avaient voulue, n'en créait pas moins un point

...IL HABITE RUE LUILLIER (p. 116).

faible. Et on le reporta au dehors de l'enceinte. Son cours suivit alors la rue des Fossés-Saint-Bernard, et elle se jeta à la Seine en face de l'île Saint-Louis, au pont de Sully, au point où le boulevard Saint-Germain rejoint le quai. La maison du coin finit en pointe, et au rez-de-chaussée, il y a un grand café où on ne voit jamais personne. Cela dura jusqu'au xviie siècle. En 1674, elle fut ramenée à son lit primitif. Elle ne l'a plus quitté depuis.

— Ce qui peut paraître un peu surprenant, dis-je, c'est que cette Bièvre, si facile à déplacer, n'ait pas disparu. La rivière de Ménilmontant et le ruisseau de la rue de Sèvres ont été essuyés comme avec une éponge; il n'en reste plus trace. Il semble qu'il était facile de détourner la Bièvre avant son entrée dans Paris. En la prenant à Gentilly et en la conduisant à la Seine par Ivry vers le pont National, on aurait évité les inondations dont tous les ans les riverains se plaignent. On aurait en même temps fait disparaître tout un quartier pittoresque et charmant, ce qui eût ravi les gens de notre époque. Et on aurait bâti à la place un tas d'immeubles de rapport, avec des bars au rez-de-chaussée et des chambres de passe aux étages. A quoi pensent nos édiles?

— Vous n'y allez pas à moitié, vous, dit Huysmans, vous oubliez la légende des eaux de la Bièvre, et que contre une légende, fût-elle mille fois démontrée fausse, il n'y a à faire, heureusement, rien. A l'époque romaine, les Parisiens étaient renommés pour leurs teintureries. A l'époque médiévale, les teinturiers de Paris envoyaient leurs vêtements à toutes les reines du monde. Une légende était née de là, qui attribuait à l'eau de Bièvre une vertu spéciale qui donnait aux bains de teinture leur richesse et leur solidité. Et quand l'opulent Gobelin transféra, au xve siècle, ses ateliers de Reims à Paris, il vint naturellement s'installer sur les bords de la Bièvre, dont l'eau était réputée dans toutes les teintureries. Il y créa, un peu plus tard, une fabrique de tapis, et en deux siècles, les ateliers de cette famille envahirent les bords de la Bièvre et une partie du quartier. *Inde nomen.*

« En 1673, un édit royal obligea les peaussiers, tanneurs, mégissiers et chamoiseurs à émigrer au dehors des murs de la ville, qu'ils empoisonnaient. Tous ces industriels vinrent s'installer au bord de la Bièvre, dont les eaux, puisqu'elles étaient si propres aux industries de l'étoffe, ne devaient pas l'être moins pour celles du cuir.

« La chimie a, depuis longtemps, fait justice de cette légende. Mais les indemnités à distribuer pour déplacer les usines auraient atteint des chiffres énormes. Et puis il y a là la manufacture des Gobelins, propriété de l'Etat, à laquelle il eût fallu amener, de loin et à grands frais, toute l'eau dont elle a besoin. De là le pont qui va couvrir la Bièvre, et qui sur quelques mètres de longueur, aura plus de dix kilomètres de largeur et portera une ville. La rivière aura disparu; elle vivra invisible, dans des trous. Ce n'est pas trop surprenant, car bièvre autrefois signifiait castor. »

Nous étions arrivés à la place d'Italie. Comme il était de bonne heure, Huysmans voulut descendre la ruelle des Reculettes, pour revoir ce coin des Gobelins qui, peu d'années auparavant, lui avait paru si étrange. Et tandis que Le Fournis allait nous attendre rue Croulebarbe, nous entrâmes dans « ce corridor de prison, noir comme un fond de cheminée, incrusté de suie, dont les murs s'exostosent et se couvrent d'eschares de salpêtre et de fleurs de dartres ».

Je fis un cliché rapide et nous descendîmes à la rue Croulebarbe. Je me récitais à mi-voix le passage célèbre : « Dans un délicieux paysage, un des bras de la Bièvre, demeuré presque libre, paraît, bordé, du côté de la rue, par une berge où sont enfoncées des cuves, de l'autre, par un mur enfermant un parc immense et des vergers que dominent de toute part les séchoirs des chamoiseurs. Dans ce paysage, la Bièvre coule, scarifiée par les acides, globulée de crachats, épaissie de craie, délayée de suie, elle roule des amas de feuilles mortes et d'indescriptibles résidus qui la glacent, ainsi qu'un plomb qui bout, de pellicules. »

Huysmans m'écoutait en souriant : « Vous la savez comme ça, par cœur, tout entière ?

— Certes oui », lui dis-je, et arrivé à la petite porte verte à claire-voie de la rue Croulebarbe, je continuai, en faisant un cliché : « Mais combien sont attrayantes ses deux petites berges, celle qui longe le mur du verger, garni de treilles, plantée de chrysanthèmes et de tomates, hérissée d'artichauts trop mûrs dont les têtes sont des brosses couleur de mauve ! »

Nous remontâmes un peu la rue Croulebarbe, pour prendre la ruelle des Gobelins, « qui est à coup sûr, le plus surprenant coin que le Paris contemporain recèle ».

Nous nous arrêtâmes vers l'entrée du passage Moret. Huysmans n'aimait pas à se laisser photographier, mais je fus enchanté de le saisir à son insu pendant qu'il s'appuyait « sur l'une des barres de fer, emmanchées dans des poteaux de bois mort ». Et je fis deux épreuves, en lui récitant, à son grand amusement, les lignes qu'il avait écrites sur ce site étrange.

« Çà et là, de grands murs, rongés de nitre, fleuronnés de moisissures, rosacés de toiles d'araignées, calcinés comme par un incendie; puis d'incohérentes chaumines, sans étages, grêlées par des places de clous, jambonnées par des fumées de poêle, et le soir, les artisans

qui logent dans ces masures prennent le frais
sur le pas des portes, séparés par des barres de
fer emmanchées dans des poteaux de bois
mort, de l'eau en deuil qui, malade, sent la
fièvre et pleure. Sans doute cette étonnante
ruelle décèle l'horreur d'une misère infime,
mais cette misère n'a ni l'ignoble bassesse ni la
joviale crapule des quartiers qui l'avoisinent;
ce n'est pas le sinistre délabrement de la Butte
aux Cailles, la menaçante immondice de la rue
Jeanne-d'Arc, la funèbre ribote de l'avenue
d'Italie, c'est une misère anoblie par l'étampe
des anciens temps, ce sont de lyriques guenilles,
des haillons peints par Rembrandt, de délicieuses hideurs blasonnées par l'art... »

Mais j'ai préparé de longue date une excursion à laquelle Huysmans ne s'attend pas. La
Direction de la manufacture des Gobelins m'a
donné, avec la plus aimable obligeance, l'autorisation de pénétrer dans les jardins : « Ce
parc immense et ces vergers. » Nous entrons
sans peine dans ce vaste enclos, que Huysmans
reviendra voir et qu'il décrira dans son livre
De Tout, plus de dix ans après.

« On se croirait, dira-t-il, très loin de Paris, dans cet espace compris entre la ruelle des Gobelins, la rue Croulebarbe et la rue des Cordelières, si la Bièvre, qui coule à deux pas, n'encensait le site de son odeur stridente d'alcali volatil et de tan. Elle sépare les usines du jardin des Gobelins dont les bords sont plantés de salades et de légumes que les tapissiers cultivent... A l'heure actuelle, malgré la tristesse des froids, les parterres des Gobelins s'égaient de chrysanthèmes couleur de rose d'onglée et de rouille... »

Je fais bien vite quelques photographies, car Huysmans, qui est l'exactitude même, doit être à une heure à la gare de la place Valhubert, pour y recevoir un ami de province avec lequel il déjeunera. Nous retrouvons Le Fournis rue Croulebarbe, et par la rue Corvisart nous regagnons le boulevard d'Italie.

Au 68, la vieille maison dont j'ai déjà parlé dresse son délabrement avec orgueil. Nous nous arrêtons devant sa longue grille. Elle étonne Huysmans avec ses pelouses retournées à l'état sauvage, où les lilas bourgeonnent, où

verdoie une herbe épaisse saupoudrée de mar-
guerites. Mais je vois vite que quelque chose
ne va pas. Je devine.

Dans son livre, il a laissé passer sans le voir
un des sites les plus étonnants du quartier
Croulebarbe. Je pense aux pages charmantes
qu'il eût écrites sur cette folie du xviiie, qui
garde encore si grand air dans sa ruine, sur son
jardin abandonné, plein de ramures vertes et
d'oiseaux furtifs. En 1899, quelqu'un parlait
à Huysmans du quartier Croulebarbe et en
vint à dire un mot de la vieille demeure et de
son délicieux jardin. Et Huysmans, avec un
peu de sécheresse, de répondre : « Je ne le connais point. »

Nous descendons le boulevard d'Italie. Entre
la rue Barrault et la rue Vergniaud, par-dessus
un petit mur, un paysage curieux apparaît. Les
deux bras de la Bièvre sont séparés par un in-
tervalle de deux ou trois mètres à peine. L'un
d'eux est à un niveau de plus d'un mètre supérieur à celui de l'autre : une espèce de porte
d'écluse en bois noir s'ouvre dans la berge où
poussent des peupliers malingres et biscornus.

Une triste plaine grise et verdâtre, clairsemée de masures, s'étend à perte de vue sous un pâle soleil : les lointains s'effacent et se voilent de brume. Presque en face de nous, de l'autre côté du boulevard, s'ouvre la rue du Champ-de-l'Alouette, dont le nom charme Huysmans.

Je lui récite le passage des *Misérables :* « Le promeneur solitaire qui montait le boulevard jusqu'à la barrière d'Italie arrivait à des endroits où l'on eût pu dire que Paris disparaissait. Ce n'était pas la solitude, il y avait des passants; ce n'était pas la campagne, il y avait des maisons et des rues, ce n'était pas une ville, les rues avaient des ornières comme les grandes routes et l'herbe y poussait; ce n'était pas un village, les maisons étaient trop hautes. C'était un boulevard de la grande ville, une rue de Paris, plus farouche, la nuit, qu'une forêt; plus morne, le jour, qu'un cimetière.

« La barrière était tout près. Faites quelques pas, vous trouvez cette fatale rue Croulebarbe où Ulbach poignarda la chevrière d'Ivry au bruit du tonnerre, comme dans un mélodrame.

« Un peu avant d'arriver à la petite rivière

des Gobelins, on rencontre une espèce de champ
qui est, dans toute la longue et monotone ceinture des boulevards de Paris, le seul endroit où
Ruysdaël serait tenté de s'asseoir. Ce je ne sais
quoi d'où la grâce se dégage est là : un pré vert,
traversé de cordes tendues où des loques sèchent
au vent; une vieille ferme à maraîchers du temps
de Louis XIII avec son grand toit, bizarre-
ment percé de mansardes, des palissades déla-
brées, un peu d'eau entre les peupliers; à l'horizon, le Panthéon, le Val-de-Grâce, noir, trapu,
fantasque, amusant, magnifique. Comme le
lieu vaut la peine d'être vu, personne n'y vient.
A peine une charrette ou un roulier tous les
quarts d'heure. Comme il y avait sur le boulevard cette rareté : un passant, Marius, vaguement frappé du charme presque sauvage du
lieu, demanda : « Comment se nomme cet
endroit-ci? — Le passant répondit : C'est le
Champ-de-l'Alouette. »

Je m'aperçois que je suis en train de faire une
gaffe. En récitant à Huysmans ce passage de
Victor Hugo, ne vais-je pas avoir l'air de vou-
loir lui montrer qu'il n'a pas découvert la

Bièvre et ses alentours? N'y a-t-il pas quelques expressions des *Misérables* qu'on pourrait retrouver dans Huysmans et ne vais-je pas faire bêtement le plus stupide étalage d'érudition que l'on puisse imaginer?

Mais il me fait signe de continuer. D'ailleurs je vois s'éclairer sa figure, un peu préoccupée il y a un instant. Je sens qu'il va dire une rosserie et éreinter quelqu'un. Et dans sa joie d'abattoir il oubliera l'ânerie que déjà je me reproche.

« Si loin que la vue pût s'étendre, on n'apercevait que le mur d'enceinte, et quelques façades d'usines, pareilles à des casernes ou à des monastères : partout des baraques et des plâtras, des murs neufs blancs comme des suaires, partout des rangées d'arbres parallèles, des constructions plates, de longues lignes froides et la tristesse lugubre des angles droits. Cependant, à la nuit tombante, au moment où la clarté s'en va, l'hiver surtout, à l'heure où la bise crépusculaire arrache aux ormes leurs dernières feuilles rousses, quand la lune et le vent font des trous dans les nuages, ce boulevard devenait tout à coup effrayant. Les lignes droites s'enfonçaient et se perdaient dans les ténèbres comme des tronçons de l'infini. La solitude de cet endroit, où il s'était commis tant de crimes, avait quelque chose d'affreux. On croyait pressentir des pièges dans cette obscurité. Toutes les formes confuses de l'ombre paraissaient suspectes, et les longs creux carrés qu'on apercevait entre chaque arbre semblaient des fosses. Le jour c'était laid, le soir c'était lugubre, la nuit c'était sinistre.

« Presque personne sur la terre ne connaît ces lieux singuliers : la Glacière, Montsouris, la Tombe-Issoire. Le lieu où une plaine fait sa jonction avec une ville est toujours empreint d'une pénétrante mélancolie : ce gazon ras, ces sentiers pierreux, cette craie, ces marnes, ces plâtres, ces âpres monotonies des friches et des jachères, ces vastes recoins déserts, ces thébaïdes le jour, coupe-gorge la nuit, les roues d'extraction des carrières, les guinguettes au coin des cimetières, le charme mystérieux des grands murs sombres coupant carrément

d'immenses terrains vagues, inondés de soleil
et pleins de papillons... »

Je m'arrête. Huysmans éclate :

« Il savait le filer, le couplet, le père Victor...
Quand il écrivit celui-là, c'était l'époque où,
cocu lui-même et pair de France, il se faisait
pincer en flagrant délit, couché avec la femme
du peintre Lucien Biard. La femme fut mise à
Saint-Lazare, et le peintre voulut faire de son
cocuage une affaire d'argent. Mais la femme
d'Hugo veillait. Elle était résignée à toutes les
escapades d'Olympio; c'était une gaillarde qui
ne voulait ni perte d'argent, ni scandale. Sainte-
Beuve lui aida à étouffer l'affaire. Mais le passage n'en est pas moins joli. Hugo rôdait dans
ces quartiers pour y chercher des fillettes dégue-
nillées qui se laissaient faire pour quelques sous.
Il a eu toute sa vie le sens de l'économie, cet
homme. »

Nous étions arrivés au boulevard Saint-
Jacques, à la hauteur de la rue Ferrus, à l'endroit même que devait plus tard décrire Rosny
dans *Marthe Baraquin* : « C'est un lieu formidable. Des maisons neuves surgissent parmi

les vieilles cavernes; partout des réduits ver-
mineux, des impasses, des passages, des cours
pourries, des jardins vétustes. On aperçoit des
cabarets branlants comme des vieilles mâ-
choires; des savetiers accroupis devant une
lueur rousse; des épiceries qui ressemblent à des
caves. Les maisons de rapport modernes élèvent
leurs cubes de casernes; une boutique étince-
lante et monotone succède aux négoces de pé-
nombre et la misère ronge une population affa-
mée, alcoolique et tuberculeuse. »

Nous traversons la pouilleuse petite rue
Ferrus, et nous prenons la rue de la Santé par
la rue Cabanis. Comme je devais plus tard me
rappeler cette promenade au long de cette rue
dont Huysmans devait écrire qu'il y était at-
tiré par « sa détresse casanière de province
pauvre ».

Près de Sainte-Anne, « la rue s'aéra et les
maisons baissèrent; elles n'eurent plus qu'un,
que deux étages; peu à peu elles s'espacèrent,
ne furent plus reliées les unes aux autres que
par des bouts déplâtrés de murs ».

Par la rue de l'Ebre, dont il devait faire, peu

d'années après, une si curieuse description,
nous descendîmes vers la rue de la Glacière, où
Huysmans me laissa prendre une épreuve dans
une impasse anonyme qui fut plus tard la cité
Isely. Et nous trottâmes bon train vers le repaire de cet excellent Alifat.

J'arrêtai Le Fournis en haut de la rue Ro-
bine. Il n'était pas prudent, à cette époque, de
venir en voiture dans ces parages. Il alla nous
attendre au coin de la rue des Peupliers et de
la rue du Moulin-des-Prés. Et nous descendîmes la rue Charbonnel. Nous y étions à peine
engagés, qu'un garçon d'une douzaine d'années, qui causait sur le trottoir opposé avec une
fillette de son âge, quitta vivement sa compagne
et courut après nous. Il s'adressa à Huysmans,
dont la barbe grisonnante lui parut plus apte
à ses desseins que ma moustache blonde.

« M'sieu, y a une jolie demoiselle, là, sur le
trottoir, qui fera tout ce que vous voudrez
pour cent sous. »

Je n'entendis pas la réponse de Huysmans,
mais le gosse s'enfuit après lui avoir tiré la
langue. Je compris quand même, pour avoir sur-

pris deux mots, que ses fonctions à la police de sûreté avaient appris à Huysmans plus de la langue de la pègre qu'il ne consentait à l'avouer.

*
* *

En descendant la rue Brillat-Savarin, nous vîmes au pied d'un mur à moitié démoli deux jeunes gens, un plan de Paris à la main, qui suivaient du doigt le lacis des rues. « Tu vois Elle se partage en deux bras, rue de la Colonie, Elle passe sous terre ici même où nous sommes, et nous ne La retrouverons qu'à la poterne des Peupliers. »

Ils font, pensai-je, le pèlerinage, après Lui... Je leur souhaite bien du plaisir, rue Daviel ou rue Wurtz.

Rue de la Fontaine-à-Mulard, le père Alifat, comme toujours, cassait ses pierres. Un affreux chenapan était assis près de la table, sur laquelle étaient placés une bouteille et deux verres. En nous voyant entrer, il sortit et alla s'asseoir dans la rue sur le seuil d'une porte.

EN DESCENDANT LA RUE CHARBONNEL (p. 143).

« Je vous amène un client, père Alifat, dis-je au vieux bandit.

— Vous voulez un briquet, M'sieu, dit-il. C'est un linvé les trois pièces, meilleur qu'au tabac, où vous le paiereriez larantequé. »

Huysmans allongea ses vingt sous : le père Alifat lui plia un briquet et une mèche dans un bout de journal.

« Alors, lui dis-je, êtes-vous toujours furieux contre moi? Racontez donc à ce monsieur ce dont vous croyez avoir à vous plaindre. »

Alifat tourna vers moi sa tête de vieux rabbin; il ressemblait à ce portrait de vieillard par Rembrandt, qui est à la galerie de Dresde. Mais il n'en avait pas la calme dignité. Ses yeux fulguraient de colère, et il passait ses doigts crispés dans sa barbe jaune. Il n'y avait rien à faire, il valait mieux le laisser à sa fureur.

La voiture n'était pas loin. Nous partîmes au petit trot.

« Vous avez tout de même, me dit Huysmans, ce qu'on peut appeler de jolies relations. Me direz-vous à la fin pourquoi cette fureur de votre excellent ami?

— Voilà. Le père Alifat est un vieux satyre et il a le tort de se saouler. Il amène parfois chez lui des petites filles du quartier...

— C'est un type dans le genre de Victor Hugo, interrompit Huysmans avec un sourire de travers.

— Et de celles-là, continuai-je, j'en connais des douzaines. L'une d'elles a pour marlou un certain Henry Aubry, qui est aussi son frère. C'est un fric-frac et un monte-en-l'air de qualité. Il m'est tout dévoué, pour raisons médicales, et sa sœur aussi, pour les mêmes raisons. Elle avait un jour, rue Lhuillier, laissé le père Alifat endormi, cuvant sa cuite. Fouillant les poches du vieux, elle avait trouvé les clefs de l'atelier, ouvert la porte et aperçu de l'outillage, des vitrines et un tas d'objets inconnus. Refermer la lourde, prendre l'empreinte des clefs sur du papier et se recoucher près du vieux, c'était l'enfance de l'art. Avouez quand même que pour une fillette qui n'a pas quatorze ans, cela présage un certain avenir. Et quelques jours après le frère et amant de la gonzesse est allé tranquillement,

déguisé en plombier, tout déménager chez
Alifat.

« Il a enlevé le lot de pinces monseigneur, les
bijoux, les lingues, les revolvers et un tas
d'objets dont il ignorait la nature. Dans le tas,
il y avait le pot de curare. Je l'ai vu chez lui et
l'ai payé vingt sous. J'ai eu l'objet grâce au
frère, et le récit grâce à la sœur, à qui je fais un
traitement mercuriel. Me voici recéleur d'objets volés. Un de ces jours je porterai le pot à
l'Ecole de médecine. Mais j'ai peur que cela ne
serve à torturer de pauvres bêtes; je ferai mieux
de le fiche au feu. Le père Alifat a dû avoir
quelques clartés de l'affaire, et il m'en veut,
comme si c'était de ma faute qu'on lui ait refait le produit de luxe qu'il ne vendait qu'aux
gens bien. »

Nous étions arrivés à la place Valhubert.
C'était l'heure pour Huysmans d'entrer dans
la gare du P.-O.

X

A M. Paul Heuzé.

OCCULTISTES

Quand l'Exposition de 1889 eut fermé ses portes, les diverses administrations qui s'y étaient intéressées établirent, en une série de dîners chez Champeaux, la liste des récompenses destinées aux collaborateurs. La Ville de Paris me proposait pour la chaire de chimie physique à l'Ecole de la rue Lhomond. Mais il y avait sur les rangs un homme devant lequel tous devaient s'incliner. C'était Pierre Curie.

Tous nous admirions son génie. Il fut entendu entre les quatre autres candidats que du moment qu'il était question de lui, chacun retirait sa candidature, et qu'on adresserait à

Curie, signée de tous, une lettre collective de
désistement, en le priant d'y trouver l'expression de notre admiration et l'hommage de notre
respect.

Il avait déjà publié la partie la plus impor-
tante de ses travaux, et était aussi célèbre à
l'étranger qu'inconnu en France. Je déjeunais
parfois avec lui, dans un restaurant à vingt-
cinq sous de la rue Linné, et ce fut pour cette
modeste raison qu'on me désigna pour lui
porter la lettre. Mais nous étions des gens pru-
dents. La lettre dont je lui remis copie était
adressée à une administration, et nous savions
de quoi une administration est capable. Aussi,
en même temps qu'elle était remise à qui de
droit, la lettre paraissait-elle dans trois ou
quatre journaux où j'avais accès à cette époque.
Lorsque Curie fut nommé, j'allai le voir.

L'Ecole de la rue Lhomond était une turne,
et le laboratoire une turne immonde. Mais
c'était tout de même un laboratoire, c'est-à-
dire un endroit réservé au travail et non à
autre chose. Quand on n'est pas du métier, on
ne s'imagine pas ce que représentent ces mots :

avoir un laboratoire. On sait ce qui en est sorti. Nulle gloire française n'est plus grande ni plus pure. On dit qu'il y avait deux médecines : la médecine avant Pasteur, la médecine après lui. On dirait bien plus justement qu'il y a deux mondes des sciences physiques, et que le nouveau, c'est Curie qui l'a découvert.

A cette époque, et bien que ses principales découvertes fussent déjà faites, Curie vivait ignoré du public, dans des fonctions obscures. Il y vécut aussi ignoré pendant dix ans encore. Ses travaux avaient fait de lui le Français le plus connu du monde entier, les savants traversaient les mers pour venir le voir à Paris, sa gloire était universelle, mais nul ne s'en doutait en France. Je crois pourtant qu'il était officier d'Académie.

Quand les savants comme Ostwald ou Rutherford pénétraient dans l'espèce de hangar, au fond d'une cour sale, qui était le laboratoire de Curie, ils éprouvaient — ils l'ont écrit — un mépris pour la France qui ressemblait à de la haine. Nous payons encore aujourd'hui la sottise des dirigeants de cette époque. Cependant

la haine de la science et des savants n'était pas
comme aujourd'hui la base et l'essence de la démocratie, mais elle se manifestait déjà par le
soin jaloux de maintenir ceux-ci dans l'indif-
férence et l'oubli, et de faire de celle-là un juste
milieu entre l'épouvante et le mystère. Les
mots de passe de la République étaient ceux de
Coffinhal et de Judas. La République n'a
pas besoin de savants et : nous voulons
Barrabas.

Comme autrefois — *et nunc et semper* — la
France, qui avait du savoir une si profonde
horreur, avait aussi, pour les mystères les plus
idiots, un irrésistible attrait. Comme aujourd'hui
les anticléricaux les plus farouches, les athées
les plus convaincus de l'inexistence de Dieu,
les primaires les plus englués dans la mélasse
de l'apostolat laïque, allaient consulter, avant
de prendre un parti, les pythonisses à l'heure
ou à la course, les devineresses à tout faire, et
les chiromanciennes à chambres de passe.
Quelques malins, avertis par de presque insai-
sissables indices, avaient senti que dans l'iné-
puisable mine de la bêtise humaine, un vaste

filon presque inexploré allait se rouvrir. L’affaire fut bien montée.

Quelques bons récits de maisons hantées dans les grands quotidiens, suivis immédiatement d’interviews de prétendus spécialistes de l’occulte; quelques histoires de transmutation des métaux dans les *Lectures pour Tous* et autres revues d’allure pseudoscientifiques; quelques apparitions spectrales, narrées avec émois et frissons assortis, et l’opinion publique, flottante et désarçonnée par le boulangisme et Panama, se jeta sur l’occulte et le mystère comme les mouches de latrine sur une charogne.

Il n’est pas nécessaire de trouver une idée vraie pour y croire. Il n’est pas nécessaire de croire à une œuvre pour y collaborer. Et tous les médecins sans études cliniques, toutes les dévotes lasses d’offrir au Seigneur ce dont les hommes n’ont pas voulu, tous les écrivains sans lecteurs, toutes les nymphomanes inavouées, tous les journaleux d’égout, tous ceux qui, pendant des journées, boivent des bocks, fument des pipes, parlent du prochain roman, du prochain tableau, de la prochaine thèse, de

la prochaine découverte qui va sortir de leur
cerveau, devinrent occultistes, alchimistes,
kabbalistes ou mages. A ces bataillons de fu-
mistes s'ajoutait l'armée des pauvres d'esprit,
des âmes pelées, des cerveaux désemparés, des
cœurs endoloris et des vies sans issues. Cette
armée ne comptait que des croyants : elle se
chiffrait par millions. Elle est plus nombreuse
aujourd'hui. Elle parlait de larves : elle parle
d'ectoplasme. Si elle a changé de vocabulaire,
elle demeure immuable en ses croyances. Rien
n'a pu altérer sa foi.

Une bande de métèques, soutenue par un
groupe de banquiers et disposant de tous les
grands quotidiens, décida l'heure favorable à
la renaissance de la magie, de l'alchimie, de
toutes les sorcelleries égyptiaques, byzantines
et médiévales. Le but était multiple : en ressuscitant la kabbale, ouvrir une porte d'entrée
de plus à l'influence judaïque, et faire rééditer
les livres des kabbalistes hébreux par les libraires
de tous les ghettos; en ressuscitant l'alchimie,
mettre le trouble dans l'esprit de tous ceux — et
on en compte — qui aimeraient mieux faire de

l'or que de travailler pour en gagner, et aussi leur vendre les bouquins réimprimés des chrysopœistes; en ressuscitant la magie, créer une atmosphère de maboulisme quasi universel, où évolueraient au doigt et à l'œil des armées de bons louftingues auxquels on vendrait, faits en série, plus de talismans, de fétiches et d'amulettes qu'on n'a jamais vendu de chapelets aux fidèles pieux.

Il y avait encore tout un peuple d'âmes indécises se cherchant elles-mêmes, dégoûtées de cette recherche, qui étaient prêtes à se convertir, tout simplement, au catholicisme et à demander à Dieu le calme et la paix que leur avaient refusés les philosophies et les doctrines des hommes. Il fallait retenir ces âmes, et les empêcher de se tourner vers le ciel.

Dans cette entreprise anglo-allemande, où les juifs tenaient la direction et la caisse, il y avait une parfaite connaissance du verger de poires à cueillir. C'était une affaire d'argent par la vente des livres d'occultisme, des invocations, par le placement des articles pour les journaux, par de pauvres diables qui vous parlaient de

Nicolas Flamel, de Jamblique et de Van Helmont comme s'ils venaient de prendre une absinthe avec eux. C'était aussi une affaire politique, de lancer sur une piste sans issue tout un peuple qui, pendant qu'il ferait parler les tables, évoquerait le diable ou les élémentals, se soucierait peu de sa marine, de son armée, de ses finances, de ses colonies et de ses écoles. C'était aussi une affaire maçonnique, de promettre aux curieux de l'occulte la divulgation des secrets de Mizraïm, la révélation des symboles salomoniques de Jakin, de Bohaz et de Mac-Benac, à tous ceux qui se feraient affilier aux loges. Et les poires de tomber juteuses quand l'heure de la cueillette sonna.

L'Etat d'ailleurs soutenait cette gigantesque duperie, qui lui apportait un si utile concours. Pour empêcher les Français de penser et les tenir en laisse, il n'avait que le tabac et l'alcool; le bridge, les sports, les dancings et la T. S. F. n'existaient pas encore. Que ne donnerait pas un ministre de la Démocratie à qui lui apporterait un toxique nouveau?

Ce fut une époque bien amusante. Il fallait

trouver, pour achever la Patrie, des débitants
d'occulte, comme on avait trouvé des Picon et
des Pernod. Il faut voir comme l'affaire fut
menée de main de maître. Charcot, Berthelot,
Luys, Berzélius, Crookes, Lodge, furent d'abord
cités, puis démarqués et pillés de la belle façon.
On découvrit dans leurs livres des phrases qui,
isolées du reste, laissaient admettre la possibi-
lité des phénomènes occultes et des transmu-
tations alchimiques. Au besoin, on en fabriqua
de toutes pièces, sachant bien que les lecteurs
n'iraient pas vérifier, et que ceux à qui on les
prêtait ne lisaient point, ou dédaignaient les
auteurs de citations fausses.

Puis on s'aperçut qu'un régiment de gens
inoccupés, piliers de brasseries, rats de biblio-
thèques, inventeurs sans capitaux, écrivains
sans lecteurs, avocats sans clients, médecins
sans malades, prophètes sans fidèles et vieilles
sans amants, s'offraient spontanément comme
agents de publicité, témoins de miracles inventés, victimes prétendues de larves et de suc-
cubes, observateurs d'apparitions. Cette armée
avait ses cadres, ses capitaines et ses généraux

prêts à la conduire, pour rien, pour être nommés dans les journaux, pour voir leur nom au bas d'articles ineptes, dans des canards éphémères, ceux dont on promène un numéro chez tous les mastroquets pour dire négligemment : « Avez-vous lu mon dernier article dans la *Revue des Sciences occultes* ou le *Bulletin des Laboratoires de Magie ?* »

Enfin apparut, dans sa gloire, l'état-major. Il était formé d'un petit nombre de lettrés, de gens ayant quelque lecture, d'opsimathes, de cacographes, d'autodidactes et d'ambitieux. La plupart étaient gens de bonne foi. Il n'y avait point de vrais savants. Il y avait des écrivains de talent, comme Péladan et Jules Bois, des écrivains de fantaisie comme Stanislas de Guaïta, des besogneux et des claquepatins, des hommes assez instruits comme de Rochas, des hommes honnêtes comme Faucheux, des mathématiciens comme Cantor, des ignorants comme Strindberg, des femmes riches comme lady Caithness, duchesse de Pomar, des prophétesses comme Mlle de Wolska.

Il faut le dire hautement : ces dirigeants du

mouvement occultiste, attirés dans le guet-apens du mystère par des tares acquises ou héritées, par le goût si répandu de l'inconnu, ou l'envie puérile de se faire peur, par le plaisir de s'affubler de rubans et d'insignes, par la satisfaction d'être admis dans des milieux où sans l'occulte ils n'auraient jamais pu pénétrer, ont tous été scrupuleusement honnêtes, n'ont rien gagné à cette industrie, ont vécu presque, ou tout à fait dans la misère, travaillé pour le roi de Prusse, au sens littéral du mot, et fourni une somme de labeur suffisante à les enrichir dix fois s'ils avaient vendu de la vinasse ou du camembert.

Ils ne se sont aperçus que trop tard qu'ils avaient été agis par un comité judéo-germanique et que dans tout le mal qu'ils ont fait à la France sans jamais s'en douter, ils avaient été les agents inconscients d'une volonté étrangère, dont ils auraient nié l'existence, de tout leur cœur, si on avait essayé de la leur faire connaître. Si on leur avait montré qu'en aidant les gouvernants à propager l'ignorance, la crédulité, la superstition, le mensonge et la haine du

vrai savoir, ils s'étaient faits les agents de la
plus basse démagogie, ils auraient pleuré sur
l'horreur de leur effort. Ils étaient tous publi-
quement, catholiques, réactionnaires ou con-
servateurs, et ils travaillaient sans le voir à
l'abêtissement de cette France qu'ils aimaient
et dont ils voulaient la rédemption. Beaucoup
sont morts pour elle, qui ont inconsciemment
aidé à la tuer. Plusieurs se sont repentis et ont
clamé tout haut ce repentir. Tous ont vu leur
erreur. Que Dieu leur pardonne! Ils ne savaient ce qu'ils faisaient.

L'occultisme, en tant que doctrine, a toujours eu ses adeptes. Leur nombre n'a pas di-
minué. La guerre n'a fait que l'accroître et les
progrès actuels de l'ignorance lui amènent
chaque jour des disciples nouveaux. La France
nie les miracles de l'Evangile, mais elle croit
fermement à ceux du guérisseur du coin, qui
efface d'un souffle les néphrites, les aortites et
les cancers. Il ne ferait pas bon mettre en doute
la toute-puissance de ce thérapeute, car il se
trouve toujours quelqu'un pour avoir connu un
malade désespéré, abandonné de tous les méde-

cins et guéri, en cinq minutes, par le *de cujus*.

Cependant, à l'époque où je fréquentais Huysmans, les occultistes avaient quelque allure. Ce n'était pas la France actuelle, acharnée au suicide, abrutie de tabac, d'alcool et de superstition, qui se rue chez les cartomanciennes et les guérisseurs. Les Péladan, les Papus, les Jollivet-Castelot, les Rochas, les Guaïta, étaient des petits mages, des petits théosophes, des petits alchimistes, des petits kabbalistes, des petits érudits, mais c'étaient de grands honnêtes hommes. Ce furent des dupes et des victimes, presque des martyrs.

Les abominables bêtises de l'occultisme, les risibles stupidités de la kabbale, les pauvres divagations de l'alchimie, les ordures de la magie, les infamies du spiritisme, ont eu pour représentants, pour propagateurs, pour initiateurs tous ces pauvres braves gens, fils affectueux, pères sans reproche, écrivains sans transactions louches, hommes sans forfaitures ; ils ont vécu pauvres, parfois misérables, et ils ont payé leur sincérité de leurs privations, de leur douleur ou de leur vie.

RUE BRILLAT-SAVARIN, AU PIED D'UN MUR A MOITIÉ DÉMOLI (p. 144).

J'ai dit plus haut que, lorsque les empoison-
neurs judéo-germaniques eurent décidé de semer
sur le terrain français le virus de l'occulte, on
avait fait appel à tous les gardiens du Capitole
qui croient que s'arracher une plume suffit à
savoir s'en servir. J'avais publié sur les alchimistes un inutile bouquin; il constitue un de ces
monuments de bêtise qui font la joie des connai-
seurs. Il s'était trouvé des gens pour m'en fé-
liciter, et le plus drôle, c'est qu'ils l'avaient lu.
Il s'en était trouvé d'autres pour m'enguirlander
de la plus verte façon, et ce n'était pas moins
drôle. J'étais tout désigné pour le recrutement
des plumes capitoliennes.

Ce fut un certain Gabiriaud qui s'en chargea.
Il avait quelque argent et avait fondé une revue
mensuelle, où il signait du nom de Krinska des
articles effarants. Il y racontait — il devait
avoir lu les *Mémoires de Cyrano* — que, de sa
fenêtre où il rêvait à la lune, elle l'avait un soir
aspiré puis laissé doucement redescendre devant sa porte, sur le trottoir, 22, rue de la Tour-
d'Auvergne. Une mauvaise langue — il y en
avait à cette époque — s'appuyant sur l'adage :

qui se ressemble, s'assemble, ne se faisait pas
faute de dire que Gabiriaud était comme la
lune.

Il me donna rendez-vous un soir au Vachette,
où je le trouvai en compagnie du docteur Foveau de Courmelles, d'un certain Oswald, qui
se disait Suisse, d'un bonhomme grisonnant
qu'on appelait Saint-Genest, et d'un journaleux de faible envergure qui publiait à ses frais
le *Journal des Sommaires*. Cette petite feuille
se vendait au Quartier latin, où elle rendait de
réels services. On y trouvait les sommaires de
tous les journaux hebdomadaires et mensuels
de Paris et de l'Etranger; elle paraissait tous les
mardis et nourrissait son homme. C'est son rédacteur, qui a pour la première fois, dans son
canard, employé le mot « intellectuel » comme
substantif. Il l'appliquait aux hommes qui, en
dehors du métier qui les fait vivre, ont quelque
marotte de lettres, de science ou d'art, et jouent
tant bien que mal de ce violon d'Ingres, qui
leur aide à oublier les dégoûts de la vie quotidienne.

Le barbon grisonnant qu'on appelait Saint-

Genest était un bon toqué, inoffensif et hilare, qui s'entonnait, avec l'aisance d'un long entraînement, tous les liquides absorbables qu'il pouvait se faire offrir. Il se disait historien et philosophe. Il avait trouvé une loi, qu'il appelait la loi de Saint-Genest, et qu'il vous exposait pour un bock.

« Le païen Genest, disait-il, était animé contre les premiers chrétiens d'une haine si féroce, qu'il pénétrait dans les assemblées pour y conspuer les saintes images, et couvrir par ses blasphèmes les prédications des adeptes du Christ. Mais le milieu finit par agir sur lui. Il en vint, par la contagion de l'exemple, à faire le signe de la croix, à prier à genoux comme les autres et à se convertir entièrement. Il fit plus; il devint un modèle de sainteté et un parangon de vertu chrétienne. Livré aux bêtes dans le cirque, il est, sous le nom de saint Genest, un cœlicole révéré.

« Vous voyez, ajoutait le bonhomme, que pour acquérir une qualité, une vertu, un talent, un vice, il suffit de répéter les gestes par lesquels ces entités se manifestent à l'extérieur et de se placer dans un milieu idoine. C'est ce que j'appelle la loi de Saint-Genest, qui permettrait, en l'appliquant de façon subtile, de créer de toutes pièces des Victor Hugo, des Beethoven, des Dante, des Raphaël et des Napoléon. »

Là-dessus il se déclarait créateur de génies, rénovateur du genre humain, et réclamait la croix de grand officier de la Légion d'honneur. Mais avec un demi-blonde, il était content et ne disait plus rien d'une heure.

Le bon Foveau de Courmelles, qui s'est fait depuis une réputation méritée d'électrothérapeute et d'écrivain, était déjà le savant qu'il n'a jamais cessé d'être. Il avait pour sa profession un respect et un culte qui faisaient ma joie. Un soir que j'avais à mon habitude dégorgé un stock d'âneries sur la médecine, il faillit se fâcher. J'avais convomi médecins, médecine et malades, déclaré que je portais mon titre comme une tunique de Nessus et comme les reliques dont on charge un âne et que c'était un ineffaçable cauchemar que de se dire : *Tu es medicus in aeternum*. Il prit tout cela très au sérieux, s'indigna, et me déclara que, quand j'aurais son âge, je considérerais, comme lui, ma profession comme un sacerdoce et mes malades comme mes enfants. Or, il avait bien un an ou deux de plus que moi, mais sûrement pas la trentaine. Je ne m'embêtai pas, comme on dit, ce soir-là.

Un autre convive était celui qui mit Huysmans en relation avec Boullan. On le disait Suisse. Il parlait fort bien l'allemand; mais comme latiniste, il n'avait pas son pareil. Il avait écrit une brochure sur le Tarot, et comme épigraphe, il avait mis en tête *Chaos ab ordo* qu'il avait cru bon de donner comme pendant à la maxime hermétique : *Ordo ab chao*. J'étais comme bien d'autres, à cette époque, latiniste intransigeant, et m'étais fort gaussé du solécisme. Je lui en avais prêté d'autres, inventés, naturellement, car il n'était même pas capable d'en faire, et je crois bien lui avoir attribué un distique de ma façon où il y avait autant de solécismes que de mots et autant de fautes de quantité que de dactyles. Cela circulait dans un milieu érudit, un peu précieux, où sa venue faisait sourire. Il était bon dessinateur, et c'est lui qui fit les figures du Tarot des Bohémiens, Clef absolue de la Science occulte, l'un des livres de Papus.

C'est chez celui-ci que Gabiriaud voulut à tout prix me conduire le soir même, et nous prîmes, au coin de la rue des Ecoles, l'omnibus Montrouge-Gare de l'Est. Pendant le trajet, Gabiriaud me fit promettre, pour son canard, un article sur Michel Maïer et son *Atalanta fugiens*. Je l'ai écrit et à trente-six ans de distance je viens de le relire. Par respect pour les animaux, je n'ai pas voulu me traiter de vieille bête. Jeune sot m'a paru plus exact.

Papus habitait rue de Strasbourg, près de la gare, une vaste pièce au septième ; il y logeait, y écrivait et y faisait de la magie et sa cuisine. Un choubersky y répandait une chaleur « torrentielle ». Il y avait une table pour écrire, une table de toilette, un tub pendu au mur entre deux pantacles, un étroit lit de fer, et un guéridon de tôle pour les repas du mage. Je dis mal : il n'était pas encore mage à cette époque, et signait : Papus, myste, S∴ I∴ (Supérieur Inconnu) ses papiers dans de petits canards.

Chez les anciens mystagogues, Papus est le nom du Génie de la Science et de la Guérison. Le bon Gérard Encausse, officier de santé, s'était affublé de ce nom sans le trouver ridicule. Carré d'épaules, trapu, presque bedonnant avant la trentaine, avec des traits à la fois poupins et sévères, les cheveux noirs, la barbe taillée en carré, il faisait craquer aux entournures la redingote, qu'il portait toujours, et qu'on sentait trop étroite pour ses membres épais. Son nom, Encausse, indiquait sa patrie d'outre-Loire. Caussou ou Cassou, le chêne, donne là-bas des patronymes tels que Ducasse, Ducassou, Delcassé, tandis qu'en terre d'oïl, Duchêne, Duquesnoy ou Lequesne comportent la même origine. Ce mage, au dos de paysan, à l'allure provinciale et rustique, était pourvu d'une capacité de travail et d'une érudition immenses, et avait pour les siens un culte de la famille et un désintéressement sans mesure. Son père, un brave petit droguiste de Ménilmuche, comptait faire de lui un officier de santé, qui exercerait là-bas dans les « causses » de la Lozère et près duquel il irait vivre avec les petites rentes acquises dans une petite boutique, avec un petit métier. Mais à peine Gérard eût-il conquis le diplôme d'officiat que le père tomba malade et dut renoncer au travail. La vente du magasin créa quelques ressources et Papus, pour donner à son père les soins dont il avait besoin, résolut de rester à Paris, et de s'y faire, parmi les médecins, une place. Il n'était qu'officier de santé et pour réussir il lui fallait le titre de docteur.

Il n'y avait pas comme aujourd'hui ces équivalences grâce auxquelles un diplômé de facultés cafres, zoulous ou esquimaux peut se permettre de m'appeler « cher confrère », mais une loi autorisait, moyennant quinze cents francs, un stage hospitalier et quelques examens, la transformation de la chenille de l'officiat en papillon doctoral. Les quinze cents francs furent versés; Gérard Encausse, reçu externe à Tenon, toucha les soixante francs d'indemnité mensuelle que ce poste comportait en vue des courses en omnibus. Avec les visites à trois francs ou quarante sous qu'il pouvait faire grâce à son titre, c'était ses seules ressources. Pour écono-

miser six sous, il faisait le trajet dès l'aube, en
gros souliers, en lisant ses bouquins d'exam, dans
les rues désertes. Il vivait de pain, de miel et
de fruits. A une heure, quel que fût le temps, il
rejoignait son père dans un petit bar de la rue
des Pyrénées, pour lui servir de partenaire à
une partie de dames et une partie d'échecs.
Il se faisait servir un mazagran de quatre sous
qu'il arrosait d'eau jusqu'à ce que le liquide
eût la couleur du thé. Le père Encausse avait
déjà bu un café de trente centimes. Gérard commandait une canette de bière, la faisait servir à
son père, payait vingt sous pour le tout, pourboire compris, et repartait pour la tâche quotidienne.

Elle fut immense et ingrate. A force de lire
dans les rues de Ménilmontant et sur les impé-
riales, il s'était muni d'une culture énorme et
disparate. Les infatigables érudits de la Renaissance, les souffleurs et les spagyriques du
moyen âge, avaient en Papus un égal. Peut-
être plus. Le fatras bombastique de Paracelse,
la polygraphie de Trithème, les linéaments de
Van Helmont, la démonomanie de Bodin, les

arcanes de Swedenborg, l'oneirocritie de Synésius étaient familiers à cet énergique travailleur. Les secrets de la Kabbale, du Tarot, de la spagyrique et de la mystagogie s'étaient logés en lui à côté d'une forte érudition littéraire et d'une culture professionnelle que ses ennemis eux-mêmes ne mettaient pas en doute.

Versé dans toutes les branches d'un savoir « désuet » que dédaigne la science officielle, il avait modernisé, dépouillé de tous ses oripeaux et dégagé de son mystère la doctrine des anciens thérapeutes. Il avait transposé la magie au diapason de son époque, et formulé pour ainsi dire un *novum organum* de l'occultisme. Il ne ressemblait point au divin adolescent Apollonius de Thyane, ni aux sorciers que se représentait la médiévale candeur. Ce n'était pas le Lucius de l'Ane d'Or, ni le Sidrophel d'Hudibras. Il ne marmitonnait aucun philtre dans le chaudron ensanglanté des sorcières, il ne faisait cuire ni or potable, ni élixir de longue vie, ni pierre philosophale dans le vieil athanor des souffleurs oubliés. C'était un médecin assez moderne, suffisamment disert

et au courant de bien des choses de l'actualité.
Il n'était pas éloquent. Il était persuasif. Il
n'était pas orateur. Il était efficace. Malgré son
apparence vulgaire et la pesanteur de son allure, en dépit d'une élocution médiocrement
correcte et qui ne dédaignait ni les lieux com-
muns ni les expressions toutes faites, il tenait son
auditoire asservi au fluide mystérieux de sa
parole, et ce don merveilleux de persuasion
faisait de lui un incomparable guérisseur. Que
de femmes endolories par les chagrins et les
désillusions, d'enfants tourmentés par les horreurs de la puberté, que de vaincus et de mal-
heureux furent, par ses soins, réconfortés, ra-
jeunis, rendus à la vie et à l'espérance? Cet
épopte, ce pasteur d'âmes en peine qui fut,
avec si peu de justice, qualifié de charlatan,
se taisait sur le bien qu'il avait fait et sur les
misères qu'il avait soulagées. Sa femme tenait
une petite pension de famille pour les jeunes
étrangers qui fréquentaient nos grandes écoles
et donnait quelques trop rares leçons de musique. Il écrivait le soir ses livres peu vendus
et ses articles peu payés. Deux fois par se-

maine, il partait pour Tours avant l'aube; il y donnait tout le jour des consultations dans un cabinet d'homéopathie, et rentrait tard à Paris, épuisé de fatigue. Quand vint la guerre, il partit, malgré son âge, comme médecin-major d'une ambulance du front. Il soigna les blessés avec un fidèle et courageux dévouement; terrassé par la maladie, les privations et la fatigue, il mourut en novembre 1916 victime de la grande tuerie. Il a eu au moins l'orgueil de donner sa vie pour la France, qui l'a bafoué pendant sa vie et qui l'avait déjà oublié longtemps avant sa mort.

Il y avait foule chez Papus, ce soir où Gabiriaud m'y conduisit. Joséphin Péladan, frisé, calamistré, y avait apporté son gilet couleur d'aurore et son pet-en-l'air bleu de ciel. Il était parfumé des sept parfums correspondant aux sept planètes, mais où dominait impérieusement l'eucalyptus. Un large col de dentelles sans cravate entourait son cou, mais s'échancrait assez pour recevoir un gros bouquet de violettes; ses gants de peau grise avaient des baguettes mauves à rehauts d'or.

Il y avait le poète Louis Dubus, charmant comme un page de Shakespeare, avec sa face lunaire de Pierrot malade, saturé de morphine et mordu par la phtisie, et qui devait peu après mourir d'une dose inusuelle de sa drogue dans les latrines de la place Maubert. Il y avait le savant Faucheux, hautement révéré dans les chapelles occultes pour sa science et sa vertu. Il était receveur de l'enregistrement à Abbeville et vivait comme un ascète de légumes et d'eau claire. C'était le meilleur homme qu'on pût rêver. Il avait un véritable culte pour la mémoire de son père, ancien polytechnicien, et y joignait l'adoration de tout ce qui touchait de près ou de loin à l'Ecole polytechnique. Son traitement était si modeste qu'il devait, pour l'accroître, donner des leçons à des aspirants bacheliers, toujours refusés avec une régularité pendulaire. Il n'en paraissait pas d'ailleurs désolé.

Il y avait aussi ce soir-là, le marquis Stanislas de Guaïta, l'auteur des *Essais de Sciences maudites* et du *Dragon du Seuil*, Stani, comme le nommaient ses intimes, qu'il réunissait chaque jeudi en un repas somptueux, dans son rez-de-chaussée de l'avenue Trudaine. C'est lui dont Paul Adam a fait, sous le nom de duc de Lorraine, un personnage important du *Mystère des Foules*. Il était fort riche, et s'était adonné aux sciences occultes sans savoir ni méthode. Il n'y voyait que le côté pittoresque à la Rembrandt, à la Téniers, à la Jordaëns. Vêtu d'une robe rouge, l'épée à la main, dans un décor que n'eût pas désavoué Breughel, il évoquait les phantasmes et dissolvait les larves. La vérité, c'est que, saturé de morphine et d'alcool, il croyait réellement voir des animaux grimper le long de ses membres, et des spectres s'agiter obstinément sous ses yeux. Il mourut, tué par la morphine, après des mois d'agonie. Mais cette explication trop simple ne satisfit pas Huysmans, qui avait eu avec lui des démêlés singuliers, dont on parla trop dans la presse. « Guaïta, disait-il, tenait enfermé dans une armoire un spectre qu'il avait asservi. Un jour, il oublia de fermer la porte au verrou : le spectre sortit et l'étrangla. » Je n'aurais voulu pour rien au monde contredire Huysmans, qui me conta cette histoire quelques années plus tard quand il habitait rue Monsieur. Mais ce fantôme qu'on fourrait dans un placard avec les parapluies et les essuie-mains me réjouissait fort.

Il y avait, par extraordinaire, le docteur Bernheim, professeur à la Faculté de médecine de Nancy, déjà connu, presque célèbre par ses travaux sur l'hypnotisme, et qui cherchait des documents sur la suggestion à l'état de veille. C'était Maurice Barrès qui l'avait amené. Barrès venait d'être nommé député de Nancy : sa présence avait empêché Paul Adam de venir. L'homme de génie manquait à cette réunion où il y avait, après tout, quelques hommes de talent. On a lu le *Mystère des Foules*. Cœsarès venait de rouler Héricourt. Il y avait Lucien Mauchel, un brave garçon qui s'était cru l'étoffe d'un éditeur, et qui avait fondé, rue de Trévise, une maison d'édition pour littérature occulte. Derrière le magasin, une arrière-boutique servait de chapelle à l'Eglise martiniste, où Mlle de Wolska, diaconesse du culte de Claude de Saint-Martin, célébrait les offices ésotériques.

C'est à cette assemblée que je fus présenté,

après l'ascension de sept étages, par Gabi-riaud-comme-la-lune. Papus me fit don, en l'ornant d'une dédicace, de son *Traité élémentaire de Science occulte* qui venait de paraître chez Carré. La soirée passa en causeries où l'occulte avait sa part, mais où l'actualité tenait aussi sa place : le procureur Quesnay de Beaurepaire requérait contre Rochefort, et Boulanger en fuite. Le beau Jacques Damala, le mari de Sarah Bernhardt, venait de mourir. Constans était à l'Intérieur, Spuller aux Affaires étrangères. Le scandale de Panama commençait. Au Chat-Noir, Jacques Ferny chansonnait Carnot, dont le pianiste Dusautoy se faisait la tête. Les curiosités du jour étaient Buffalo Bill et les danseuses annamites, que dessinait Rodin. Pour la première fois, dans les cafés, jouaient les orchestres tziganes, qu'Alphonse Daudet ne pouvait se lasser d'entendre, et qui allaient sévir pendant vingt ans avec les valses de Rodolphe Berger. La danse du ventre était la révélation de l'esplanade des Invalides, et les âniers celle de la rue du Caire. Le sport à la mode était l'escrime. On plaçait au Panthéon Mar-

IL AVAIT SON ATELIER RUE DE LA FONTAINE A MULARD (p. 144).

ceau, Carnot et la Tour d'Auvergne. Les grandes horizontales étaient Laure de Chiffreville, Fanny Robert, et on commençait à parler de Polaire, d'Emilienne d'Alençon, de Liane de Pougy. Brown-Séquart, après essais personnels, prédisait les opérations de bourses à la Voronoff. Forain dessinait à la *Vie parisienne*, Marguerite Deval était déjà amusante, et Galipeaux en plein succès. Le prince de Sagan essayait de faire lever son conseil judiciaire; le shah de Perse m'avait décoré d'une plaque en pierres fausses, que portait une cravate en coton; on inaugurait la nouvelle Sorbonne, et on se moquait fort de la première féministe, Mme Astié de Valsayre.

On se quitta de bonne heure. Barrès partit avec Bernheim. Guaïta ramena Péladan, au quartier de l'Europe, dans son coupé; Gabiriaud fila vers Montmartre. Je rentrai seul au Quartier latin.

Je trouvai dans ma boîte un mot de Huysmans, qui m'invitait à déjeuner pour le lendemain. C'était un dimanche. Il m'attendrait à dix heures et demie, à un restaurant du boulevard Saint-Germain où la chère était fine.

A dix heures et quart, j'étais à quinze pas de la porte, avec l'air occupé d'un homme qui s'arrête pour plier et replier son journal. Il ne fallait pas faire attendre Huysmans, il fallait ne pas avoir l'air de l'avoir attendu, ne pas s'asseoir avant lui à une table, ne rien commander avant son arrivée, et n'être ni en retard, ni en avance, y fût-il lui-même, et, en tout cas, ne pas s'en apercevoir. J'avais soin de tourner le dos au côté par lequel je comptais le voir venir, afin qu'il ne me trouvât point arrivé, mais arrivant au lieu du rendez-vous. C'était compliqué. Ce jour-là, tout réussit, et j'avais l'air absorbé dans mon journal, abrité des passants par un arbre, quand il me toucha le bras avec un cordial bonjour.

Quelques minutes après, nous étions à table. Vu l'heure assez matinale, Huysmans avait commandé le déjeuner la veille, et les filets de harengs, les anchois, le céleri à la moutarde arrivèrent à l'instant. Il connaissait mon appétit. Une salade de homard avec des œufs durs et de la laitue, une entrecôte, un poulet

sauté aux champignons, un quartier de Brie
n'étaient pas pour m'effrayer. Pendant que
je « m'incrusterais ces mangeailles », il se pré-
parait à picorer un déjeuner de fillette : un anchois, quatre pommes frites, deux bouchées
de bœuf, une demi-aile de poulet, un peu de
Brie, une poire.

Je pressentais qu'il avait quelque chose à me
dire, et je ne me trompais point. Il avait à peine
mangé son anchois, et bu un quart de verre
d'une bière presque incolore, amère, piquante
et sucrée, qu'il m'apostropha :

« Eh bien! ces occultistes, maîtres du mystère et rois du jour? Vous devez être documenté sur leurs aîtres, leurs manigances et
leurs écrits. On ne vous rencontre plus qu'en
compagnie de kabbalistes, de démonographes
et d'alchimistes.

— J'ai justement dîné avec l'un d'eux, hier
soir, et après le dîner, j'ai vu chez un autre
l'état-major de l'occultisme presque au complet. Il y avait là des gens de votre connaissance. Le petit Dubus, par exemple.

— Oui, dit Huysmans, celui qui fait tourner

les tables. C'est tout de même drôle, ces guéridons baladeurs qui rôdent, en titubant, à travers les chambres, et qui répondent aux questions par de retentissants crépitus. Vous avez une opinion là-dessus, vous?

— Certes, dis-je, j'en ai une. Une table ne tourne que si elle a trois pieds. Elle ne tourne pas si on ne la soulève pas sur l'un d'eux. Et celui qui la fait tourner est outillé. Visitez un peu ses manches. Vous verrez les fils de fer attachés à l'étoffe ou aux bras. Ils ont leurs raisons, les spirites, pour demander l'obscurité totale ou presque.

— Enfin, reprit Huysmans, il y a tout de même quelque chose. Et si la table avait quatre pieds, qu'arriverait-il?

— Il n'arriverait rien du tout, dis-je, on ne pourrait pas la mettre en équilibre instable sur un pied, et produire le mouvement descendant qui la déplace. Avec un bon crochet dans la manche, on la fait virevolter d'une seule main. Je suis devenu assez habile à ce genre de sport. Pour la faire craquer, on peut avoir sous le bras ou dans son soulier, ou ailleurs, un petit appareil qui coûte quinze sous, qui est fait d'une tôle d'acier un peu creuse; j'en ai acheté un au Bazar de l'Hôtel-de-Ville, et m'en sers à ravir.

— Mais les réponses aux questions qu'on leur pose? Elles disent, paraît-il, des choses surprenantes, et des morts révèlent d'impressionnants secrets.

— C'est à d'autres qu'à moi, dis-je, qu'ils les révèlent. J'ai entendu les plus fameux médiums et ils ne racontent, dans un vague charabia, que des tartines sur des choses qui arrivent à tout le monde, et des âneries empreintes d'une ignorance qui désarme. On me croit un adepte, on ne se méfie pas de moi. Je suis d'ailleurs de bonne foi et n'ai pas d'idées préconçues. Eh bien, quand j'interroge Cicéron, il ne sait pas le latin, Dante ignore l'italien, Shakespeare ne parle pas anglais, et Newton n'a jamais su un mot d'algèbre. Je n'ai pas de chance avec ces gens-là. J'en ai encore moins avec Napoléon. A une question bien simple — il devait être occupé, cet homme — il m'a fait répondre par Cambronne. »

Huysmans se mit à rire.

« C'est que, de Corse, il devient bien Français, car cette réponse est en France le fond
du langage courant. Ça doit se gagner, d'un
monde à l'autre. Mais vos bonzes des chapelles occultes, comment les avez-vous trouvés,
Péladan, entre autres?

— Mais, dis-je, celui-là n'est guère occultiste; il se sert de l'occultisme dans ses romans
comme je fais, dans mon métier, d'un bistouri
ou d'une sonde. Ça sert à dénouer une situation ou à amener quelque issue. C'est un excellent garçon, exploité par les éditeurs, et d'une
ignorance invraisemblable. Mais il a tout de
même les cinq cents francs par mois avec lesquels il se gilète d'argent et fume des cigarettes
d'Egypte.

— Il a plus qu'il ne mérite, cria Huysmans,
il n'a aucun talent et il écrit comme un pied.
Femmes honnêtes est un tissu d'âneries et son
livre sur les cafés de Marseille pourrait être
signé par un rédacteur de feuilles torchecu-
latives.

— Cependant, dis-je, il y a dans *Istar* la plus
belle prière à la Vierge qui soit dans toute la

langue française. C'est, au début du livre, deux volumes assez insignifiants, mais où il y a des morceaux d'une tenue et d'une saveur incomparables. Tous ses livres sont ainsi. Sur une intrigue banale et souvent improbable, il bâcle en hâte un bouquin qui ne tient pas debout, mais où il y a, de çà et de là, une page admirable, qui est de l'art et du plus haut. »

Huysmans éclata : « C'est un mage de pacotille, un exploiteur de dévotes et de toquées. Si on lui coupait la barbe qui fait tout son prestige, il aurait l'air d'un asticot, et ce serait un homme fini. Son style, il l'emprunte à d'Aurevilly et à Villiers. Et sa Rose-Croix, c'est une invention pour se faire offrir des tableaux par les peintres, qui, de leur côté, y voient un battage possible. »

Je sentis que ça allait se gâter. Quand il se mettait à éreinter quelqu'un, il ne faisait pas bon défendre la victime, mais je respectais et j'aimais Péladan, malgré ses ridicules, et je tâchai de trouver un dérivatif.

« Je ne suis pas aveuglé sur son compte, dis-je à Huysmans, au point d'excuser la négligence et la hâte avec lesquelles il écrit. Et d'ailleurs ses dîners ne sont pas faits pour moi.

— Vous avez dîné avec lui, dit Huysmans, je parie qu'il vous a fait manger de l'ail et du clafoutis.

— Ça n'a pas été tout à fait jusque-là; un soir, je suis amené chez lui par Mauchel, qui l'avait laissé souffrant la veille. Nous le trouvons guéri. Nous causons, il s'emballe sur l'occultisme. Il parle, parle... le temps passe; l'heure du dîner arrive. Notre conversation n'est pas finie : il nous invite. Il met sur sa vieille table de bois blanc une nappe en point d'Angleterre, des assiettes de vieux Rouen, dépareillées mais magnifiques, des hanaps de Venise, un broc italien de la Renaissance, plein d'eau claire. Et, après le Bénédicité, nous nous partageons du pain rassis, un hareng fumé, de la laitue sans assaisonnement et une pomme. Mais nous avions des couteaux du xviie à manche de vermeil. Après les Grâces, il m'a dit comme je prenais congé :

« Allez, mon fils, allez en paix. Si l'on vous
« lèse, sans offenser le Seigneur, vous vous direz

« que c'est sans importance, et vous pardon-
« nerez. Si en vous lésant on offense le Seigneur,
« il fera sienne votre vengeance et vous par-
« donnerez encore. Allez, mon fils, allez en
« paix. »

— Il en a de bonnes, le Sar, dit Huysmans.
Et où êtes-vous allés, après cette bombance?

— Dame, ce soir-là, j'étais en fonds. Comme
il habite rue de Constantinople, nous avons descendu la rue de Rome jusqu'à la place Saint-
Lazare, et j'ai mené Mauchel dans une brasserie
en face de la gare. Nous avons commandé une
soupe au fromage et une choucroute pour six.
Mais comme il faisait encore faim, nous avons
dû faire venir douze saucisses, un camembert
et quatre autres demis.

— Cette fois, dit Huysmans, je vous retrouve.
Mais s'il n'avait que ses dîners à se reprocher!

— Je lui reproche aussi ses solécismes. Il a
une citation fréquente : *Nominis tui gloriae
solae*. Il n'a pas l'air de se douter que *solus* fait
au génitif *solius* et au datif *soli*, pour les trois
genres. Mais Baudelaire a bien fait pire et personne ne le lui a reproché.

— Qu'est-ce que vous me contez, s'écria Huysmans, des solécismes dans Baudelaire. J'aimerais à voir ça.

— Mais oui, repris-je. Tous les mots sujets dans les derniers vers du poème : *A une modiste érudite et dévote*, sont au vocatif, le verbe à l'impératif.

> Meos circa lumbos mica,
> O castitatis lorica,
> Panis salsus, mollis esca,
> Divinum vinum, Francisca.

« Alors pourquoi *salsus* au nominatif? c'est *salse* qu'il faudrait lire.

— Vous êtes bien toujours le même chercheur de tares, s'écria Huysmans, et cette crapule de Mendès aurait dû vous consulter avant d'écrire son *Arsène Gravache*. Mais voyons, parlez-moi plutôt de vos occultistes, cela m'intéresse. Tenez, de Papus, qui démarque Eliphas Lévy, et fabrique des traités sans queue ni tête auxquels il ne doit rien comprendre.

— Papus, lui dis-je, est un brave garçon, qui peut ne rien comprendre à ce qu'il écrit, mais qui y croit certainement. Ce n'est pas toujours clair, car il l'emprunte à des sources qui ne le sont guère; il cherche à gagner sa vie en faisant connaître au public des auteurs oubliés, et je crois que sa magie ne fait pas grand mal. Elle fait du bien aux couturières, car les belles madames, pour être à la mode, se font broder des pantacles sur leurs jupes. Comme mage, il me suffit largement. Comme médecin, il soigne, et bien, les toqués, les mabouls et les louftingues et cette clientèle n'est pas près de manquer. Mais il est bien mal documenté. Il vous croit un gros rentier, avec hôtel aux Champs-Elysées, voiture à deux chevaux et écurie de courses. Et puis il a drôlement fait ses études. Le jour où il m'a avoué n'avoir jamais disséqué, ni même ouvert un macchab de sa vie, il m'a estomaqué, moi qui ai tant charogné pour savoir un peu d'anatomie. Mais c'est un bon gros, et je l'aime bien.

— Mais enfin que prétend-il avec sa clef absolue de la Science occulte?

— Il prétend que dans les sanctuaires anciens, la Nature était étudiée dans son corps, sa vie et son esprit. J'avoue que je ne comprends guère. Que l'étude des sciences était aussi bien une question religieuse qu'une question intellectuelle, que les travaux de l'oratoire appuyaient et illuminaient ceux du laboratoire. L'étude de la nature vivante, en faisant connaître à l'adepte les lois de la transformation, lui permettait de transmuer les métaux en or, et même de créer de toutes pièces des êtres vivants. Il prétend qu'un certain comte de Kneffstein créait par douzaines des homoncules dans un bocal. Il dit qu'à la Renaissance toute la partie physique des sciences devint l'objet exclusif des études officielles, et que la partie métaphysique fut rejetée des écoles, sous le nom de science occulte. La partie de la chimie qui était jadis réservée aux garçons de laboratoire demeura la seule étudiée dans les écoles, et la partie métaphysique fut, sous le nom d'alchimie, reléguée dans l'oubli et le silence. C'est elle qu'il faut réinstaller et on verra, paraît-il, des miracles.

— Et la Kabbale, jeta Huysmans?

— Ça, c'est bien plus drôle. On donne une valeur numérique à chaque lettre de l'alphabet hébreu, qui en a vingt-deux, on les additionne, on les soustrait, on les triture et on les tourne-boule de toutes les façons, et on finit par en tirer, conformément à des lois dont je voudrais bien connaître l'auteur, des conclusions fantastiques. Il faut voir ça dans les travaux de Guaïta : c'est à se taper le derrière par terre, comme dit Polaire. Et puis, c'est à la portée de tout le monde. Un jour, Guaïta m'avait donné le mot Caïn, qui n'a en hébreu que trois lettres, caph, iod et noun, pour sujet d'études. Sans connaître un mot de Kabbale, et croyant faire une bonne plaisanterie, je lui ai fait une interprétation à dormir debout que j'ai mise dans sa boîte aux lettres. Je croyais qu'il allait se ficher de moi et peut-être se fâcher un peu de cette blague. Pas du tout, il a remis mon papier au conseil de l'ordre martiniste, qui l'a fait insérer dans son journal, et j'ai reçu un magnifique diplôme de licencié ès kabbale, qui me donne le droit de mettre S∴ I∴ après mon nom.

— Ça vous fait une belle jambe, dit Huysmans, qui ne pouvait s'empêcher de rire. Mais

enfin, au fond de tout cela, vous ne trouvez
rien de vrai, aucun phénomène réel? Pourtant
Helvétius et Spinosa jadis, William Crookes
et de Rochas, à notre époque, n'étaient et ne
sont ni des gobe-mouches ni des jobards.

— Je crois que si, dis-je, c'étaient et ce sont
des honnêtes gens et c'est la même chose. William Crookes est un vrai savant, c'est-à-dire
le plus crédule des hommes, et la bonne femme
qui s'est fait la personnalité de Katie King est
une gaillarde qui a vu dans l'affaire un bon moyen
de se faire inscrire sur le testament du pauvre
type. Il a raisonné comme j'ai entendu rai-
sonner Rochas qui est administrateur de l'Ecole
polytechnique et que je connais bien. Voici
leur principe : je fais des travaux scientifiques
et j'en publie les résultats, qui représentent ce
que l'expérience peut fournir de vérité. L'idée
ne me viendra jamais de publier un chiffre faux
dans la mesure d'un coefficient de dilatation
ou la mesure d'une longueur d'onde. Pourquoi
l'idée viendrait-elle à quelqu'un de tromper sur
la nature de phénomènes médianimiques ou la
vérité d'une apparition? Rochas est la dupe

d'un certain Mac-Nab, dont le frère est chansonnier à Montmartre. Il fait croire à Rochas que, quand celui-ci pique avec une aiguille une de ses photographies, il éprouve dans la partie piquée une douleur violente et qu'il faut lui donner un louis ou deux pour se soigner. Rochas encaisse la blague et décaisse l'argent. Il a fait là-dessus trois volumes avec illustrations et répète à qui veut l'entendre : « Mac-Nab est un garçon très honnête et qui ne saurait me tromper, donc les faits sont incontestables. » L'autre se fiche de Rochas, et rigole de lui avec des filles, auxquelles il paie des verres avec l'argent du vieux, comme il l'appelle.

— C'est tout de même guignolant, dit Huysmans, de ne rien pouvoir apprendre là-dessus. D'après vous, tous ces gens-là sont des mystificateurs, des exploiteurs ou des dupes. Et on ne peut essayer de vérifier leurs expériences sans être expulsé comme trouble-fête. Alors il n'y a rien à faire, et c'est cependant bien curieux.

— Non, dis-je, il n'y a rien à faire. Si on veut prendre pour leurs expériences les plus simples précautions, ils se fâchent et vous mettent à la porte. Si on ne s'incline pas absolument devant leurs résultats, ils se fâchent encore et vous mettent à la porte. Ceux qui sont instruits sont d'une crédulité sans nom et ne demandent ni précautions ni vérifications, ceux qui sont ignares ne se doutent même pas qu'une vérification ou une garantie peut exister. Les phénomènes sont toujours les mêmes : fantômes lumineux au sulfure de calcium, apport de fleurs fanées pour avoir séjourné dans les poches, écriture sur des papiers substitués à ceux sur lesquels on demande d'écrire, boîtes vides remplacées par des boîtes semblables remplies d'avance, et bêtise ineffable, infinie, voilà le bilan des spirites. Les alchimistes sont aussi bêtes. Il y a un nommé Tiffaraud qui prétend avoir fait du carbone avec de l'acide azotique et de l'aluminium et du mercure avec du charbon. Et un certain Strindberg, qui est de son métier auteur dramatique, fait de l'or avec de la fumée de cigare et du sulfate de fer. Ni l'un ni l'autre n'a l'idée de faire une analyse.

LA PLACE OÙ MARIUS ÉTAIT ASSIS... (p. 54).

— Alors, dit Huysmans, il n'y a rien à tirer de la fréquentation de ces gens de bien. On ne risque à leur contact que les pires blagues. Vous me découragez. J'aurais aimé trouver dans ces sciences désuètes une compensation aux dégoûts de la vie quotidienne, aux ordures de chaque jour, aux purulences d'une époque qui répugne. Et puis, sans être dupe, en étudier les protagonistes, ce serait peut-être distrayant; il doit y avoir là quelque chose d'intéressant. Ne pourrait-on les voir évoluer sans qu'ils s'en doutent et leur demander un frisson nouveau, comme disait l'autre idiot. »

Il se pencha sur son assiette, et resta longtemps sans rien dire. Je me gardai de troubler ses réflexions. Il n'accueillait volontiers que le pire et n'avait soif que de l'excessif. Je venais de lui enlever une source de joies futures. Pour l'intéresser, il fallait des contes bizarres ou de cocasses superstitions qu'on eût cru élaborées dans un cénacle de concierges de l'enfer. Je savais qu'il fréquentait, avec des interruptions de plusieurs mois, un monde singulier de petits bourgeois, de dévotes avancées comme de vieux gorgonzolas, de pieuses gens, demi-hérétiques et demi-toqués. Il voyait des savants redoutables dans de pauvres bougres inoffensifs et mabouls. Il était si facile à influencer, si on lui parlait d'histoires surnaturelles, et il était déjà, comme il le fut toujours ensuite, le jouet de farceurs dont les uns étaient presque convaincus et dont les autres se moquaient de lui. Trop de ceux-ci vivent encore pour que je puisse les nommer.

Je sentais bien, en racontant mes histoires, que je froissais en lui ce goût et cet attrait du mystère dont il subissait le prestige. Il avait aussi ce besoin enfantin de se faire peur, bien qu'il fût toujours l'observateur acerbe qui ne perdit jamais ses droits. Lui aurais-je d'ailleurs donné sur l'occulte les opinions contraires à celles que je venais d'exprimer, il n'eût pas été plus content pour cela. C'était l'éternel insatisfait, satisfait seulement de ses déceptions. Je vis que je lui en avais causé une.

Nous ne dîmes rien de plus ce jour-là, car on venait d'apporter le brie, et il était à point.

XI

LIGUGÉ

A M. L'ABBÉ FRACHON.

Dix ans ont passé. J'ai quitté le Paris de mes
études et de mes espoirs. Au lieu de me servir
à lécher les bottes, ma langue m'a servi à dire
la vérité. Cela m'a coûté cher.

On m'a envoyé en province, dans une école
où le directeur employait les crédits des laboratoires à s'acheter des tapis et des barils de
frontignan. Un fournisseur obligeant facturait
cela : Produits chimiques pour l'enseignement.
Le directeur délivrait aussi des diplômes sans
examen à ceux qui pouvaient les payer. Mais
il fallait la signature des professeurs; j'ai re-
fusé la mienne. On a délivré les diplômes tout

de même. Quelqu'un a raconté l'histoire et on m'a appelé à la préfecture. Là j'ai vu ma signature, mal imitée, au bas d'un diplôme. J'ai protesté en termes vifs.

Il est venu de Paris un inspecteur général qui s'appelle Braquemars. « L'école où vous êtes est une pétaudière, me dit-il. Le directeur est ce que vous avez dit qu'il était. On va l'envoyer ailleurs. Mais pour quelques signatures contrefaites et quelques billets de mille volés il va y avoir un scandale et vous en serez la cause. Toute votre carrière s'en ressentira, car votre directeur, bien que devenu simple professeur dans une autre école, n'en demeure pas moins un haut gradé de la Maçonnerie — il était chevalier kadosch — et vous vous en apercevrez. Consentez donc à reconnaître vos signatures; faites vos cours, faites de la clientèle. Dans six mois, si vous êtes sage et muet, vous aurez un cheval et un coupé. Vous ne savez pas faire. »

J'ai remis au ministre, pour son panier, ma démission motivée. Et me voilà simple médecin dans une grande ville industrielle, où la concurrence est âpre, et où, pour faire quelque chose, il faut être du pays. *Heu! Fuge crudeles terras, fuge littus avarum!*

Et depuis des années, dans les grandes houles du Pacifique, dans l'Atlantique vert et blanc, de l'Hudson au Niger et de la Tamise au fleuve Rouge, je promène mon inquiétude et mon dégoût. Je n'ai emporté que les livres de Huysmans, et j'ai encore plus admiré ce sage, « revenu de tout sans y être jamais allé ». Seuls, ils ont résisté à « l'éparpillement des longues traversées; seuls, ils n'ont pas été fermés, incolores et fades, par mes mains lassées. A travers le fracas des vagues, sa voix hurleuse ne s'est pas tue, et ses cris de fureur ont dominé ceux des éléments ». Maître, que votre nom soit béni.

Je lui dois des « sensations inexplorées ». Au Cameroun, pendant qu'un nègre me prépare la sole énorme qu'il vient de pêcher dans le sable, je pense à ces poissons, désinfectés avec du furfurol, que des consommateurs intoxiqués mangeaient au restaurant fréquenté par un certain des Hermies, que j'ai fort connu. Et je revois Folantin, picorant un bout de roquefort désenchanté, dans une gargote de la place Saint-Sulpice, quand je dîne dans ces hôtels de New-York à deux mille chambres, où le repas est une cérémonie cultuelle, où il faut six acolytes en habit noir pour un officiant en smoking. O saveur !

A Paris, pour affaires, entre deux voyages, pendant trois jours d'été. Je me propose d'aller voir Huysmans, qui est depuis peu à la retraite et décoré. Il a reçu la Légion d'honneur comme « employé exact et zélé ». De l'homme, de l'écrivain, du rôle qu'il a joué dans les lettres françaises, il n'est pas question.

Une voiture neuve, toute pimpante en son vernis clair, remonte le boulevard Saint-Michel. Je l'appelle et donne l'adresse, 11, rue de Sèvres. Mais avant que le cocher ait rassemblé les rênes, un monsieur corpulent, d'une élégance extrême, s'avance et me salue. Je reconnais Rollier, je le fais asseoir et lui demande s'il veut m'accompagner.

« Inutile ! répond Rollier. La cage est toujours là ; l'oiseau s'est envolé. Un jour du printemps dernier, je suis allé le voir, et l'ai trouvé dans son logement vide où quelques brins de paille et de papier d'emballage meublaient seuls le local abandonné. Il allait en fermer, pour la dernière fois, la porte. Et j'ai vu qu'il en était tout attristé. Mais comment ne savez-vous rien de tout cela?

— J'arrive de l'autre bout du monde, lui dis-je, et je suis resté des mois sans lire un journal ou dire un mot de français. Depuis deux jours je cours Paris pour affaires, et je vais repartir pour l'Australie ou le Pacifique. »

Rollier me raconte alors l'histoire de Ligugé, la maison Notre-Dame bâtie de moitié avec M. Leclaire, l'installation de Huysmans dans cette demeure toute neuve. Il me quitte, obligé de rentrer chez lui, et ne peut même pas accepter de dîner avec moi. Me voici replongé dans ma solitude, au milieu de ce Paris que je regarde et ne reconnais pas. Un tour dans la vallée de la Bièvre, où les rues ont changé de nom, où il faut que je guide le cocher, qui n'est jamais venu dans ce qu'il appelle « cette banlieue ». La Bièvre, de plus en plus, s'enterre dans des tunnels. L'aspect du quartier a un peu changé. Des maisons neuves, des écoles, des chapelles s'élèvent partout. Mais la population n'a pas varié. Quand tout change partout, la misère est la même.

Mon sapin neuf est trop propre pour une promenade dans ce quartier. Il y faut des fiacres boueux, élimés comme de vieilles malles, et attelés d'innommables carcans conduits par de valeureux pochards. Je me fais ramener, pour écrire à Huysmans et dîner, à la Taverne du Panthéon, au coin de la rue Soufflot.

Après dîner, je vais passer un moment chez Carhaix, qui n'est point mort, bien que Huysmans l'ait enterré, comme des Hermies d'ailleurs, en deux lignes de *En Route*. Carhaix n'a guère changé. Il a toujours son caban et sa calotte. Il me raconte que pour échapper à la curiosité des visiteurs il leur dit être arrivé récemment à Saint-Sulpice et n'avoir jamais connu le sonneur que Huysmans a rendu célèbre. Il fait beau, la soirée est claire, nous faisons un tour sur la grande terrasse. Nous sentons l'un et l'autre que nous nous voyons pour la dernière fois. Une tristesse nous rend silencieux.

Nous n'avons pas parlé de Huysmans. Je savais qu'il n'en fallait pas parler.

***

Je suis dans un port de l'Ouest, trois jours après, quand la réponse de Huysmans m'arrive. Il m'attend tout de suite.

***

A pied, un sac de voyage à la main, j'ai suivi la longue avenue d'arbres qui, de la gare, mène au village de Ligugé. Pour me nettoyer de la poussière du voyage j'entre dans une auberge avenante, ombragée par les arbres d'un grand jardin.

Par la fenêtre, en faisant ma toilette, je vois à quelque distance la Maison Notre-Dame. Elle est séparée du village par un grand espace vide, et comme noyée dans de grands arbres qui la cachent en partie. Mon cœur bat vite.

Je descends et demande à la patronne une tasse de café. Pendant qu'elle me sert, j'essaie

de la faire parler. Ce n'est pas difficile. « C'est-il
que vous connaissez ce monsieur? dit-elle.
Quand il est arrivé ici, c'est chez nous qu'il a
logé quèque temps, que sa maison n'était point
fin prête. Nous ne savions point que c'était un
homme fameux; jamais on n'avait entendu son
nom ici. Il a pas resté longtemps, pasqu'y trouvait que c'était trop cher. Y doit être un peu
chien pour son argent, sans vous offenser. »

Je devine ce qui a dû se passer : Huysmans
attendant quelques jours dans cette auberge
que les ouvriers eussent mis la dernière main à
sa demeure; les lettres, les visiteurs apprenant
à l'aubergiste qui était son pensionnaire et en
conséquence : l'élévation des tarifs. Et je devine les fureurs de Huysmans, payant sa re-
nommée dans une auberge de village.

En traversant lentement l'esplanade en pente
douce que domine la Maison Notre-Dame,
j'aperçois Huysmans sous le portique; il m'a
vu, et descend dans le jardin pour venir m'ouvrir la porte. A mi-chemin, il s'arrête brusquement et lève la tête; du balcon du premier,
une main de femme lui lance un petit feutre

mou dont il se coiffe aussitôt. Et il vient vers la porte, l'ouvre et m'accueille, tout souriant, la main tendue.

*
* *

Nous sommes assis sous le portique tout blanc, si gai, si calme, avec ses fauteuils de rotin et ses plantes vertes. Le jardin est encore presque inculte : des madriers et des échelles en encombrent les allées, tracées à peine. Mais voici M. et Mme Léon Leclaire. Huysmans me présente. Lui, d'allure militaire, de taille moyenne, portant une moustache brune d'officier ; elle, grande, souple, avec les plus belles dents que j'ai jamais vues et qui sourient. Une bonne annonce que le déjeuner est servi.

C'est Mme Leclaire qui dit le Bénédicité. Nous avions mangé des radis, des saucissons et du beurre quand on apporta un filet de bœuf froid qu'elle découpa en larges tranches.

Huysmans allongea le bras au-dessus de la table et versa un doigt de bourgogne à M. Leclaire. J'étais à côté de Huysmans à gauche.

Il pointa vers moi le goulot de la bouteille :
« Je ne vous offre pas de vin, dit-il. Comment
se fait-il que, catholique et d'origine angevine,
vous n'en buviez pas? Vous ne vous êtes pas
corrigé depuis le temps de la Bièvre, alors. A
propos, les Bièvristes, avez-vous fini par les
réunir? J'ai souvent pensé que votre idée de
société devait réussir et que vous finiriez par
en fonder, après mille péripéties, une. »

Je lui expliquai que de longs voyages
m'avaient empêché de tenter cette réunion
d'artistes et d'écrivains, amis des coins pitto-
resques du vieux Paris et désireux d'en con-
server l'image et le souvenir. A Tahiti ou à
Fernando-Po, tout ce qu'on pouvait faire c'était
de songer avec envie à ceux qui, sans y penser,
ont l'heur de déambuler tranquillement rue
Croulebarbe ou rue Brillat-Savarin, et de jouir,
sans même s'en douter, de leur délicieuse hideur.

« Il est loin, dit Huysmans, le temps où nous
parcourions l'indicateur des chemins de fer.
Reprenez du filet de bœuf, il le mérite. C'était
dans un restaurant de la place Saint-André-

des-Arts : je voyais de notre table le clocher de Saint-Séverin. Comme vous étiez déjà bien gentil, vous aviez une manière à vous d'exciter l'appétit de vos convives. En mémoire d'André Jayant, de Jeanne et de Mélanie, vous demandiez des rognons sauce madère. Vous assuriez ensuite que ces petits morceaux noirs, baignés d'une sauce brune, étaient des doigts de pieds de nègre au jus de rat. Vous en avaliez d'ailleurs des soupières, en y plongeant, sous l'œil effaré des gargotiers, des miches. Et cette question du mot miche, nous ne l'avons jamais, que je sache, résolue. »

Quand on en eut fini avec le poulet froid, le gruyère et le dessert, Huysmans alluma une cigarette et nous passâmes dans le salon. C'était une grande pièce, faisant l'angle de droite et qu'éclairaient trois larges fenêtres.

« Tenez, dit Huysmans, je vais vous donner quelque chose que personne n'a jamais eu. Vous en ferez ce qu'il vous plaira. Photographiez ça. M. Leclaire va vous le tenir sur le fauteuil. » Il décrocha du mur son portrait au pastel par Forain, qui le représente tout jeune encore; il

a une trentaine d'années, la barbe en deux
pointes, l'œil singulièrement aigu et inquiet.
J'installai mon appareil; le pied glissait sur le
parquet ciré, un reflet sur la glace du cadre em-
pêchait toute mise au point. Il fallait faire vite
et j'étais à la torture. Aussi du beau tableau de
Forain, ne fis-je qu'une médiocre épreuve!
Elle figure en tête de ce livre. L'original a disparu. Légué par Huysmans à un ami, il allait
être mis en vente, quand le possesseur vint à
mourir. Le tableau alla on ne sait où. M. Lucien Descaves et M. Forain, qui m'ont obli-
geamment autorisé à le reproduire dans ce
livre, ne savent ce qu'il est devenu.

Nous restâmes un moment dans le salon, à
évoquer les souvenirs d'autrefois. J'avais vu
Carhaix quelques jours avant, je le dis à Huysmans qui se mit à rire. « Pauvre homme, dit-il,
il s'était imaginé que j'allais le voir pour faire
la cour à sa fille, une gaillarde d'une vingtaine
d'années qui n'avait pas froid aux yeux. Un
jour il me fit des observations à ce sujet, s'em-
balla et me mit dehors en me criant : « Allez-
« vous-en! Allez-vous-en! » Je le vois encore ten-

dant vers moi des mains de vieillard, avec de grosses veines en saillie, comme des émaux cloisonnés. Pendant ce temps la fille secouait dans un panier à salade des feuilles de chicorée d'un vert si foncé qu'elles en étaient noires. Tenez, elles étaient de la couleur des trois cheveux de Remy de Gourmont. Mais venez, je vais vous montrer un nouveau portrait de cette canaille de Docre. Ah! le salaud! »

Je le suivis dans l'escalier, tapissé d'une étoffe crème à larges fleurs de lys d'un vert Empire; il me fit entrer dans son cabinet de travail, qui occupait l'angle au-dessus du salon. Il me fit asseoir, s'installa dans un fauteuil près de la table, cette table que je connaissais bien, et dont le plateau reposait sur quatre têtes d'anges. Elle était devant la grande fenêtre à petits rideaux blancs, à grands rideaux de peluche foncée que retenaient des embrasses à gros glands d'un ton plus clair. Je reconnus sur la table le paquet de tabac dans du papier brun, le crabe de bronze et la vieille clef rouillée qui lui servaient de presse-papier, le flacon de colle avec son pinceau et le petit vase de faïence où il mettait ses crayons, la pointe en l'air. Des étagères de bois noir, entièrement garnies de livres, recouvraient les murs, ne laissant d'espace vide que les fenêtres et la cheminée. Sur celle-ci, au fond de la pièce, je retrouvai le buste de saint Sébastien, traversé de flèches, et les deux vases de Delft que je connaissais de longue date. Une monstrance du xve devant le buste, un mince flambeau de cuivre de chaque côté, et c'était tout. Des deux côtés de la cheminée, une tentation de Callot et un pastel de Rafaëlli étaient aussi pour moi d'anciennes connaissances.

Huysmans me tendit la photographie du chanoine Docre. Je revis les belles boucles blanches du prêtre si redouté. Je n'aurais point voulu dire à Huysmans mon opinion sur cet excellent Docre. Je le considérais comme un bon toqué, qui prenait avec régularité des cuites à la bière, dans son faubourg de ville belge, et se croyait un alchimiste démoniaque et un suppôt du Malin. Les jours où la bière était de qualité, il se figurait être le représentant même de Satan sur la terre, le Pape diabolique d'un

Vatican de l'enfer. Une fois dessaoulé, il maudissait encore le Ciel en brandissant vers le zénith le bocal dont sa cystite lui défendait de se séparer. Mais pour Huysmans, ce curaton blennorragique était un mage infernal, omniscient et terrible, qui trucidait ses victimes par delà les vaux et les monts, et dont il fallait redouter les fureurs. Je lui rendis le portrait et, comme jadis, il s'écria: « Ah! le salaud. » C'était l'antienne familière qui revenait en litanie dans toutes ses phrases, et s'il ne l'eût pas dit, il m'aurait semblé qu'il me manquait quelque chose.

« Avez-vous, me dit-il, la préface que j'ai faite pour la nouvelle édition d'*En Route* de 1896? » Et le voici qui fouille dans ses tiroirs, pour en tirer une plaquette de quatre pages, à couverture grise, qu'il dédicace et me donne. Puis il sort un paquet d'imprimés de toute taille.

« Tenez, voici les articles que j'ai écrits quand j'étais jeune dans un tas de journaux tous disparus. Vous n'avez pas lu la *Genèse du peintre* ni l'*Avenue de la Motte-Picquet*. Vous

les trouverez là dedans. Leclaire va vous en
faire un paquet. Vous lirez ça pendant votre
prochain voyage. Allez-vous loin ?

— Non, dis-je, à Palerme, à New-York, au
Canada, tout au plus.

— ... Et vous me les rendrez au retour, car
je n'en ai pas d'autres exemplaires. »

Je le remerciai, mais mes remerciements
étaient peu de chose, auprès de ma reconnaissance. Je savais combien Huysmans était ren-
fermé, combien il était avare de montrer ses
œuvres de jeunesse. Il en est de si étranges,
le fameux sonnet du gluten, et bien d'autres,
qu'il eût tant voulu n'avoir jamais écrites. Et
voilà que dans un élan de renoncement, de
selfabstraction, il me remettait pour la lire et
la fouiller — il le savait bien — cette œuvre
presque inconnue, presque oubliée, et me l'ou-
vrait comme une confession entière. Il y eut,
de lui à moi, un regard puis un long silence.
J'ai goûté là une des fortes minutes de ma vie.

« Si j'étais mort, dit-il, vous rendriez le paquet à M. Leclaire ou à M. Lucien Descaves.
Mais voyons, la chaleur tombe. Je vais vous

montrer l'église, et nous ferons un tour au bord du Clain. »

*
* *

Le lendemain matin, à onze heures, nous descendions de la maison Notre-Dame au monastère, et dès l'entrée, le cloître presque neuf me surprenait par sa gaieté toute blanche.

Inondé de lumière par le soleil d'été, encadrant son jardin aux massifs symétriques, avec un palmier au centre, il me semblait un de ces patios d'Oran, où les jets d'eau tintinnabulent. Et les sonneries du clocheton carillonnaient sur toute cette blancheur.

Huysmans me fit monter, par un long corridor, meublé seulement de quelques portraits de saints, et frappa à une porte qui s'ouvrit aussitôt. Le père directeur des novices nous reçut, nous fit asseoir et, après quelques instants de causerie, nous conduisit à la bibliothèque. C'était une suite de grandes salles, hautes et claires, où cinquante mille volumes logeaient à leur aise. Le père me montra quelques manuscrits précieux, dont les enluminures avaient gardé toute leur fraîcheur.

Nous descendons à l'imprimerie, où l'on travaille ferme à des catéchismes, des prospectus, des livres de théologie. Les moines affairés, sans accorder la moindre attention à notre présence, alimentent de papier la presse rotative d'où s'envolent les feuilles imprimées. Dans une autre pièce, des pères debout devant un casier , le composteur en main, lèvent la lettre avec une rapidité prodigieuse.

L'heure du déjeuner approche. Des convers passent portant des pains sur leur dos; un père long et mince circule, en faisant des signes.

« Le père hôtelier, me dit Huysmans. Il faut le voir bêcher, greffer, sarcler la vigne, en plein soleil!... »

Mais brusquement, tout bruit cessa. Personne ne parlait plus. Les moines se rangeaient sur deux files, et tout le monde entrait au réfectoire, en silence. Le père abbé, sur le seuil, avec un salut souriant à chacun de nous, nous versait quelques gouttes d'eau sur les doigts, de sa main un peu tremblante où scintillait

l'anneau pastoral. Un père soutenait un petit
bassin, un autre nous tendait une serviette.

Quand on nous eût indiqué notre place, le
père abbé, d'une voix forte, entonna le Bénédicité. Un cliquetis discret, presque inaudible,
d'assiettes, de verres et de couteaux, résonnait
doucement sous les voûtes du réfectoire. Au-
dessus de ce bruit silencieux, une voix de lecteur scandait des versets, et son rythme planait
entre les murailles blanches.

Seul à sa table, l'abbé dînait sur une estrade, sous un petit dais de bois. Au-dessous
de lui, au pied de l'estrade, les quelques invités
de ce jour; et tout autour de la grande salle,
rangés comme en un chapitre, mangeaient les
pères, adossés à une boiserie de chêne. C'était
une véritable impression d'Eglise. En bas
de la salle, à une table séparée, les frères convers étaient servis par des pères, selon la règle
de l'ordre. Sous le scapulaire et la tunique, les
pères noirs apportaient aux frères vêtus de
bure jaunâtre, le vin, l'eau, les plats de légumes et le pain.

Cela ne ressemblait guère à un repas, mais

plutôt à son signe symbolique. En versant dans
leur verre l'eau de leur petite cruche, en man-
geant ou en buvant, tous avaient plutôt l'air
de faire semblant de manger ou de boire. Le
grand père hôtelier qui circulait, haut et
maigre, ajoutait encore à l'aspect mystérieux
de ce repas austère. C'était une cène silen-
cieuse, un immatériel banquet de saints, au-
dessus desquels l'œil cherchait une auréole.

Brusquement on entendit un coup sec. Le
lecteur s'arrêta au milieu d'une phrase. Silencieux et recueilli, le cortège sortit du réfectoire,
repassa par le cloître, descendit quelques
marches et entra dans l'église pour y chanter
les Grâces.

*
* *

Nous sommes revenus lentement par les prés
à la maison Notre-Dame. Huysmans me parle
de Saint-Séverin et des malandrins qu'il connut
dans les repaires de ce quartier : Mémèche, qui
se jeta par la fenêtre un jour de soûlerie; Pau-
Pau qui fut zigouillée à coups de lingue par un

gonze, sans qu'on sût pourquoi. Et toute la pouillerie du quartier, remplacée par une pouillerie nouvelle, comme un flot par celui qui suit.

Nous arrivons : M. Leclaire me montre un grand appareil photographique qu'il vient d'acheter et qu'il se propose d'essayer dès qu'il fera un peu moins chaud. Nous descendons dans le jardin; je fais un cliché de la demeure où Huysmans me dit qu'il compte finir ses jours. Et nous causons sous le porche pour attendre l'heure de mon départ. Huysmans a bien changé : ce n'est plus ce gladiateur d'autrefois, « qui, la lèvre ricanante, vomissait les torrents de sarcasmes qui faisaient trembler sa barbe de satyre, et qui lâchait vertement des engueulades populaires et des mots crus. » C'est toujours le même front surélevé, le crâne planté de cheveux gris, les yeux bleus tournant au ton de pervenche, le dos en voûte, dans un veston d'ouvrier endimanché. Mais il n'a plus les tournures frénétiques et les épithètes forcenées qui donnaient autrefois à sa parole tant de mordant et de saveur. Le temps n'est

plus où, avec un sens si aigu du rabaissement,
il avilissait tout de sa férocité stridente, où il
cherchait l'originalité avec une passion inlas-
sable, et la rencontrait dans les épithètes rares
et dans l'exaltation de ses dégoûts. Il n'était
plus « celui qui fut créé et mis au monde pour
dégoûter son semblable de l'univers et de ceux
qui l'habitent ». Ce n'était plus l'époque d'*En
Rade*, d'*En Ménage*, de *Là-Bas*, où « sa voix
flagellante sonnait à travers la médiocrité et
la sottise humaines », où la truculence de ses
mages turbulait à travers la cadence si équi-
librée de son style fervent. La torche qu'il
agitait autrefois au-dessus du monde, cette
nauséeuse gargote, n'était plus qu'une flamme
de cierge qui montait toute droite vers le ciel,
dans l'athmosphère encensée d'une nef illu-
minée de verrières. Mais c'était une flamme encore.

*
* *

Mon premier soin, en rentrant chez moi, a
été de développer les clichés faits à Ligugé et
d'en envoyer à Huysmans les épreuves. Deux

heures après, appuyé sur le bastingage du grand steamer, par une après-midi ensoleillée, je regardais s'effacer peu à peu les côtes de France.

Mon envoi, par je ne sais quel phénomène postal, ne parvint à Huysmans que trois mois après. Un matin de novembre, en rade de Ténériffe, je reçus la lettre que voici :

Ligugé, 23 octobre 1899.

. . . .

« J'ai reçu, ce matin, les photographies, qui sont vraiment intéressantes, et je vous remercie de leur envoi.

« Que n'êtes-vous venu nous voir maintenant alors que l'infâme soleil d'août s'est un peu terni et que la campagne déverdie se dore! Ligugé vous eût laissé plus mémorable souvenir.

« Je suis en train de préparer un jardin liturgique, avec Notre-Seigneur, la Vierge, les Saints, symbolisés par les plantes qui les représentent, et j'y ajouterai un petit jardinet médicinal qui sera l'exacte reproduction de celui chanté par le vieux moine Walafred Strabo dans son poème l'*Hortulus*.

« Un vrai pourpris bénédictin du ixe siècle.

. . . .

« Merci encore, cher Monsieur, de vos parfaites photographies, et bien cordialement à
vous.

« J.-K. HUYSMANS.

« Tous bons souvenirs des amis de la maison
que vous vîtes. »

* *
*

Un coup de sifflet strident suivi d'une mo-
dulation savante, c'est le maître d'équipage
qui signale : A vos postes. La vedette de la
Santé arrive à toute vapeur. De mon poste à la
coupée de tribord, je vois s'agiter dans cette
barque, qui semble minuscule, d'importants
messieurs chamarrés d'or. A l'horizon, le pic
de Ténériffe tout neigeux semble reposer sur
la brume comme un œuf de Pâques tout blanc
sur du coton rose.

XII

Au R. P. Dom D. Buenner
Bénédictin.

Le navire s'appelle *l'Iméréthie*. C'est un bon navire, qui, sept ans plus tard, sera torpillé. Le commandant s'appelle Boucharles. C'est un bon marin, qui, sept ans plus tard, sera mort.

Nous venons de voir l'émeute russe à Noworossisk, la placidité turque à Trébizonde, l'indolence asiatique partout.

L'Iméréthie jette l'ancre dans le port de Batoum. Le commandant m'envoie en ville, pour des paperasses, que la Santé ottomane n'en finit pas de signer. Je ramène à terre une famille française qui aurait voulu s'embarquer avec nous pour rentrer à Constantinople. Ces braves gens sont venus, il y a quelques années, fabri-

quer du faux champagne avec les raisins du
Taunus. Ils ont fait fortune et veulent se rap-
procher, pour l'instruction de leurs enfants,
d'un monde moins rude que la Russie d'Asie.
Mais on ne nous permet pas de les ramener,
bien que le navire soit presque vide. La mise
à l'eau du canot qui me descend à la mer au
bout d'un câble, le tapis bleu brodé de rouge
qu'un matelot m'apprête pour m'asseoir au
gouvernail, le pavillon qu'on hisse à la poupe,
le salut au départ amusent fort cette famille,
qui, comme tous les Français, ne sait rien des
choses de la mer. Le père et la mère, deux sœurs
jumelles d'une quinzaine d'années, deux filles
plus jeunes, deux maids anglaises forment par
leur tenue nette, leur linge blanc, leurs vêtements bien taillés, le plus singulier contraste
avec nos passagers, juifs en longue lévite, mou-
jiks en haillons crasseux, Tartares aux culottes
en dépotoir.

Après bien des allées et venues dans un vaste
hangar où le portrait du czar oblige à se découvrir, je leur apprends enfin que l'autorité russe
a décidé de les faire partir sur un pétrolier qui

lèvera l'ancre ce soir. Le navire n'est pas loin du nôtre. Il est neuf, grand, puissant, bien bâti. Mais il est russe.

Je rembarque. J'ai à peine sifflé d'armer les avirons que j'entends à trois pas claquer des coups de feu. En me retournant, je vois un officier russe coiffé d'une casquette à galon d'or tomber au bord du quai. Des hommes s'enfuient. A grands coups d'avirons, nous regagnons le bord en hâte.

Deux heures plus tard, le pétrolier russe est parti avec une vingtaine de passagers. Il nous a fait en passant le salut réglementaire : les voyageurs ont agité leurs mouchoirs en signe d'adieu. Et tout a disparu peu à peu dans une brume légère.

*
* *

Le lendemain matin, je déjeune avec le commandant, tous deux seuls dans la grande salle à manger. Le brave Boucharles, en étendant sur son pain du caviar et du beurre, me parle de Gustave Le Bon, qu'il admire fort. Nous voilà lancés dans la *Psychologie des Foules*. Un maître d'hôtel vient nous dire qu'on va pendre, sur le quai, à quelques mètres, les hommes qui hier matin, près de moi, en ont tué un autre. C'était le commissaire central.

Cinq trépieds en bois, avec une poulie, sont plantés au bord du quai. Et voici cinq hommes, étroitement liés par des cordes qui ne permettent pas un mouvement, trois bourreaux en casaque rouge, une quinzaine de gardes, la baïonnette au canon, quatre officiers en noir et or.

Les trois hommes rouges entourent d'un nœud coulant le cou du premier condamné, passent le bout libre de la corde dans la poulie, et tirent. L'homme est soulevé, ses pieds quittent le sol. Sa tête est relevée en arrière par le nœud placé sous le menton; un long frisson agite le corps. On attache la corde à un clou du trépied. Et on passe au second. Mais je n'attends pas la suite.

A ce moment, des coups de canon éclatent tout près de nous. Une salve suit l'autre. Tout est pavoisé; midi sonne. C'est la fête du czar.

Je pense tout à coup que c'est aussi l'anniversaire de Tsoushima.

C'est un petit croiseur russe, amarré à quai, qui tire les cent un coups réglementaires. Les salves continuent. Sur le quai, à cent mètres, des fumées montent, des toits s'écroulent, et parmi des cris aigus de femmes, tout un peuple affolé s'enfuit avec des hurlements. Un quartier de la ville brûle, deux navires commencent à flamber. Le quai est semé de morts.

Tout s'explique. Depuis ce matin, les officiers et l'équipage du navire russe ont fêté l'anniversaire du czar par d'abondantes libations. A midi, heure du salut au canon, l'officier de service était tellement ivre qu'il a donné, au lieu de gargousses à poudre, de vrais obus à ses canonniers aussi ivres que lui.

Cinquante projectiles ont éclaté dans les deux navires à tribord du croiseur, et cinquante et un ont ravagé la ville. Un réservoir à pétrole brûle, et sa fumée obscurcit tout.

Deux heures. Notre sirène donne trois coups. On siffle : au cabestan des ancres. Les treuils commencent leur cliquetis ; doucement l'hé-

lice patouille : le bon navire se met lentement
en route. Ivresse, meurtre et supplice. J'ai vu
la Russie.

Nous faisons du charbon à Zunguldak, l'ancienne Héraclée. Je descends à terre pour aller
voir, tout près de là, cette plage semée de rochers où Méduse avait son repaire. Les Argo-
nautes ont débarqué là. Le commandant Jason
a fait tirer sur le sable la nef *Argo* qui portait
sa fortune. Sur ce navire aussi, il y avait un médecin du service de Santé maritime. Il s'appelait Esculape.

*
*   *

Au petit jour, nous approchons du Bosphore.
Avant le déjeuner, nous serons amarrés à Constantinople, au quai de Péra, près du pont de
la Corne d'Or. Une fumée mal odorante pèse
sur la mer. Plus nous approchons d'Europe et
plus elle s'épaissit. Quand nous avons doublé
la pointe d'Epistra, nous découvrons un spectacle unique au monde.

Le grand pétrolier est échoué. Tout ce qui

...UNE EAU DE PURIN, ENCASTRÉE ENTRE DES REVÊTEMENTS DE PIERRE (p. 4).

pouvait brûler à bord est brûlé. Tout autour, la mer bouillante fume encore, et nous devons faire un détour pour éviter cette eau chaude dont le contact rendrait notre navire inhabitable. Une vedette de la douane ottomane rôde de loin, autour de l'inapprochable épave. Elle a recueilli un homme, seul échappé au désastre, on ne sait par quel miracle. Elle nous hèle, et nous stoppons. Nous ne parlons pas le turc. Les gens de la vedette ne parlent pas français. Mais l'officier de la douane sait assez d'anglais pour se faire comprendre. Je descends, par une échelle, pour soigner le naufragé, au risque de me rompre le cou. Et pendant que je panse le Russe, l'officier turc me raconte l'aventure.

« Vers onze heures, hier soir, par une nuit obscure, tout l'équipage était ivre. Le timonier a jeté le bateau en pleine vitesse, sur un banc de rochers, près du rivage. Le choc a fait s'ouvrir un réservoir de pétrole; le liquide a envahi le navire, coulé jusqu'aux chaudières, où il a pris feu. L'incendie a gagné tout en quelques minutes, le naphte enflammé s'est répandu sur la mer, et le pétrolier s'est trouvé entouré d'un océan de flammes. Les passagers ont été rôtis sur le pont ou dans leurs cabines. Les matelots qui ont sauté à la mer ont été brûlés par le pétrole qui flambait à la surface. Le navire, porté au rouge vif, ne pourra être approché que dans quelques jours; d'ailleurs il ne doit plus y rester que de la ferraille. »

Quelle fin pour cette heureuse famille enrichie par le travail, pour ces belles jeunes filles, ces joyeuses servantes, et ces beaux enfants! Mais le naufragé lui aussi va mourir. Je puis, heureusement, adoucir ses dernières heures d'agonie...

Notre drapeau salue ce champ de carnage. En quelques minutes, *l'Iméréthie* reprend sa vitesse. A toute allure, car nous avons du retard, nous embouquons le Bosphore, qu'un soleil matinal de mai couvre d'un manteau de rose et de vermeil.

***

Constantinople. — Ce soir à cinq heures, nous partirons pour Marseille. Nous ramenons l’ambassadeur de France en Turquie, Costaud, qui fut ministre de l’Intérieur et sut faire partir de France le général Boulanger, en laissant traîner sur son bureau l’ordre signé de l’arrêter le lendemain. J’ai devant moi quatre heures de liberté; je vais connaître, pendant quatre heures, ces grandes voluptés : être habillé en civil, marcher sur un sol qui ne remue pas, et lire dans les journaux européens des nouvelles du monde civilisé, ou soi-disant tel.

C’est une petite place dans un coin écarté de Stamboul. Des murs en ruines, couverts de rosiers blancs fleuris; des maisonnettes de bois qu’enlacent des faisceaux de volubilis. Dans un café minuscule, trois Turcs à barbe blanche boivent dans de petites tasses. Une tonnelle de treillis disparaît sous les roses : c’est là que je vais m’asseoir. Des pigeons mordorés se poursuivent, en roucoulant au soleil.

Un cafedji m’a porté un alcarazas d’eau glacée, un gobelet plein de sucre, un grand verre irisé, des citrons doux. Il revient avec un narguilé tout allumé, dont les bulles de fumée traversent en glougloutant une boule de verre pleine d'eau de verveine. Il s'étonne de ce que je le prie d'éloigner au plus vite sa machine à pétuner.

Pas un bruit; les pigeons se sont envolés, les roses de la tonnelle s'effeuillent, et leurs pétales odorants tombent sur la table et dans mon verre. Au loin le cadran de Serkedji marque l'heure à la turque et à la franque. Au pied de la montée de Galata, j'ai pris des cartes postales et avant de lire en paix mes journaux, je fais cet obligatoire courrier du voyageur qui lui incombe à chaque escale. Celle que j'adresse à Huysmans représente ce coin mélancolique et charmant où repose Aziyadé.

Le cafedji me rapporte un morceau de glace; je lui paie les quelques sous que je lui dois. Il demeure stupéfait devant un pourboire qu'empocherait avec mépris un garçon de chez Müller. Il s'incline jusqu'à terre et me salue en portant la main au front, aux lèvres et au cœur. Salam aleikoum, Effendi! Il doit me prendre pour Haroun-al-Raschid!

* *

En rentrant à bord, j'ai acheté *Stamboul*, un petit journal imprimé moitié en turc et moitié en français. Je lirai ça ce soir. L'heure presse, Costaud va arriver. Un groupe d'officiers français et turcs l'attend à la coupée. Je n'ai que le temps de me mettre en tenue réglementaire.

A peine suis-je remonté sur le pont, qu'une musique de foire saoule éclate sur le quai. L'orchestre turc a entonné la *Marseillaise*. Costaud descend d'une calèche antique, dont les coussins de cuir usé laissent échapper des paquets de crin verdâtre. C'est un gros homme court, en redingote et en chapeau melon, avec un col et des manchettes sales, un gros cigare au bec. Un attaché d'ambassade et quelques passagers l'accompagnent.

* *

Archipel des Cyclades. — 17 mai 1907. — Il n'y a pas vingt-quatre heures que nous sommes en route, et l'ennui mortel des désœuvrés désole les quelques passagers que nous ramenons en France. Il y a bien quelques femmes, bonnes pianistes, qui pourraient faire de la musique. Mais aucune ne veut commencer. Cependant le piano est bon, et il y a un plein casier de morceaux nouveaux et faciles.

Quelques hommes jouent aux cartes ou aux échecs. Costaud fume et bavarde avec l'attaché d'ambassade et sa femme. Celle-ci est charmante. C'est la fille de ce préfet de police qui lançait les brigades centrales sur les étudiants pour défendre les maquereaux du Quartier latin. Un passant inoffensif fut tué par un agent devant le café d'Harcourt. Les souteneurs restèrent les maîtres.

Mme Bordin est grande, élégante et fort aimable. Elle a une douzaine de chats pour qui elle a loué une cabine entière, où couche le domestique annamite qui les soigne. Quand elle a vu les chats du bord me suivre, m'appeler et se coucher sur mes genoux, elle m'a proposé une visite aux siens. Ce sont des bêtes de grand luxe, qui ont daigné me faire bon accueil.

*
* *

On a décidé au déjeuner que vers trois heures, après la sieste, et en attendant l'heure du thé, les gens de bonne volonté feraient la lecture pendant dix minutes, pour amuser les autres. On me voit toujours un livre à la main; on me demande d'en lire un passage. C'est *A Rebours*.

Le commissaire du bord a lu *la Grève des Forgerons*, du bon Coppée; un lieutenant la *Dernière Classe*, d'Alphonse Daudet. Cela n'amuse personne. A mon tour. Je lis l'arrivée des fleurs: « Les jardiniers descendirent de leur carriole une collection de caladiums. » Mais l'admirable page laisse indifférents ces cerveaux en jachère de caillettes et de sportsmen. Une jeune fille, qui porte un des grands noms de France, lutte contre le sommeil, et bâille si largement que pour un peu on verrait les pailles de sa chaise. J'abrège ma lecture, au grand contentement de tous. D'ailleurs l'heure du thé, enfin, arrive.

Le soleil descend; on s'habille pour le dîner.
Je monte à ma cabine faire un bout de toilette.
De la poche d'un vêtement pendu au vaigrage,
tombe un journal. C'est cette petite feuille
franco-turque, achetée hier en courant. Je
l'ouvre et je lis :

« L'écrivain français Huysmans est mort à
Paris, avant-hier, 12 mai 1907. Il avait publié
plusieurs ouvrages qui, il y a quelques années,
suscitèrent d'assez vives polémiques. »

Le second coup de gong du dîner résonne
dans les coursives. Je n'ai que le temps de descendre pour ne pas être en retard.

Après le dîner, Costaud se promène, en fu-
mant, sur le spardeck. Je passe rapidement près
de lui, le dos de la main à la visière. Mais il
m'appelle.

« Je l'ai vaguement connu, votre auteur de
tantôt, c'était un commis principal de la Sûreté. J'ai appris par hasard qu'il écrivait, et
un jour j'ai feuilleté un de ses livres, cet *A Rebours* dont vous nous avez lu un passage. Mais
ce n'est pas grand'chose, ce bouquin. C'est
une espèce d'encyclopédie, où il parle de

...LES DEUX VASES DE DELFT QUE JE CONNAISSAIS DE LONGUE DATE (p. 208).

toutes sortes de choses. N'est-ce pas, Bordin?

— Certainement, monsieur l'Ambassadeur, répond l'attaché, en s'inclinant jusqu'à terre.

— Et d'ailleurs, continue Costaud, il s'exprime d'une façon bizarre. Il a des phrases entières auxquelles personne ne comprend rien. Pourquoi ne pas écrire comme tout le monde. Vous savez qu'il est mort ces jours-ci. J'ai vu cela sur un journal à Constantinople. C'était du reste un écrivain presque inconnu; sa mort n'est pas une grande perte pour la littérature.

« Ces écrivains, à en croire les journaux, ce seraient les maîtres du monde! Tenez, ce petit Bargone, qui signe Claude Farrère! Depuis quinze jours, tout Constantinople ne parle que de lui, et dans Péra il n'y a personne qui n'ait lu *l'Homme qui assassina*. C'est un petit frégaton, qui commandait le stationnaire du Bosphore. Quand il venait à l'Ambassade, il n'avait l'air de rien du tout et personne ne se doutait qu'il avait fait des livres. »

Un instant j'ai l'envie de lui dire que Huysmans était le plus grand écrivain français, et que l'œuvre déjà si connue de Claude Farrère est un honneur pour notre pays. Mais je me tais. A quoi bon parler à ce primaire de ce qu'il ignorera toujours?

Il mâchouille un bout de cigare qui brûle mal. C'est ça qui, après avoir gouverné la France, la représente aujourd'hui devant le monde!

Il s'en va en ricanant, et sur le ciel opalisé, son profil se détache en noir. Il ouvre et ferme sa mâchoire, comme un spéculum hilare.

Je reste seul. La nuit tombe. A quelques encablures, Lesbos dresse ses rocs pointus vers le zénith. Dans le ciel, à l'horizon un peu vert encore, danse une étoile toute bleue.

Eli, lamma sabacthani!

* *

Sept ans de voyages, de lectures, d'étude. Puis la guerre est venue.

Je pouvais rester chez moi, et, pour ne pas me faire remarquer, monter un lupanar ou un dancing. Je pouvais, comme tout le monde, faire fortune en vendant pour nos soldats de l'alcool, des souliers de papier ou des obus qui éclatent dans le canon.

Stupidement, j'ai fait autre chose. J'ai passé cinq années de douleurs et d'angoisses dans le sang, le pus et la mort. Ma récompense : une main d'estropié, un bras de torture, un cœur d'agonies. Seigneur, si vos voies sont toujours impénétrables, elles sont parfois bien douloureuses.

Huysmans, Paul Adam, Léon Bloy, Péladan sont morts. L'autre jour, *l'Humanité* a traité de « pourriture » les mutilés de la guerre, sans que personne y trouve à redire. On a mis au Louvre des peintures du douanier Rousseau !

Je ne sais ni l'arménien, ni le moldovalaque, ni le tchécoslovaque, ni le yiddisch : j'ai bien de la peine à me faire comprendre en France. Et je n'ai pas de goût pour le béotien, devenu la langue universelle.

Mais sur les grands navires tout blancs, dont les proues tranchantes fendent en frissonnant l'eau soumise, dont les hélices ont pour le sommeil un doux ronron berceur, il est des salons fleuris « pleins d'odeurs légères », où s'évasent des divans « profonds comme des tombeaux ». Là, tout n'est qu'ordre et beauté. Là, m'attendent ma chambre de peluche verte, de palissandre et de nickel, les stewards attentifs, discrets et respectueux, et l'orchestre qui me joue, dès que je le désire, cette merveille : *Three o'clock in the morning*. C'est là qu'un serviteur hindou, qu'enturbanne une mousseline blanche, mêle pour moi la glace au suc des fruits pressés, et dépose en silence près de mon rocking-chair la coupe de cristal, où, dans le breuvage endiamanté, nage le rubis transparent des cerises. Il est temps, levons l'ancre.

Avec l'alchimiste Maïer, qui mourut si désenchanté de ce triste monde, c'est à mon tour de répéter sur la mer toujours nouvelle, « dans l'allégresse des aubes et la mélancolie des soirs », sa consolante parole.

> ..... *Haec mihi restant ;*
> *Posse bene in Christo vivere, posse mori.*

Le Cameroun, New-York, Constantinople.
1924-1925.

LE JARDIN EST ENCORE PRESQUE INCULTE (p. 203).

TABLE DES CHAPITRES

6292-28 . — Tours, Imprimerie Arrault et Cⁱᵉ.